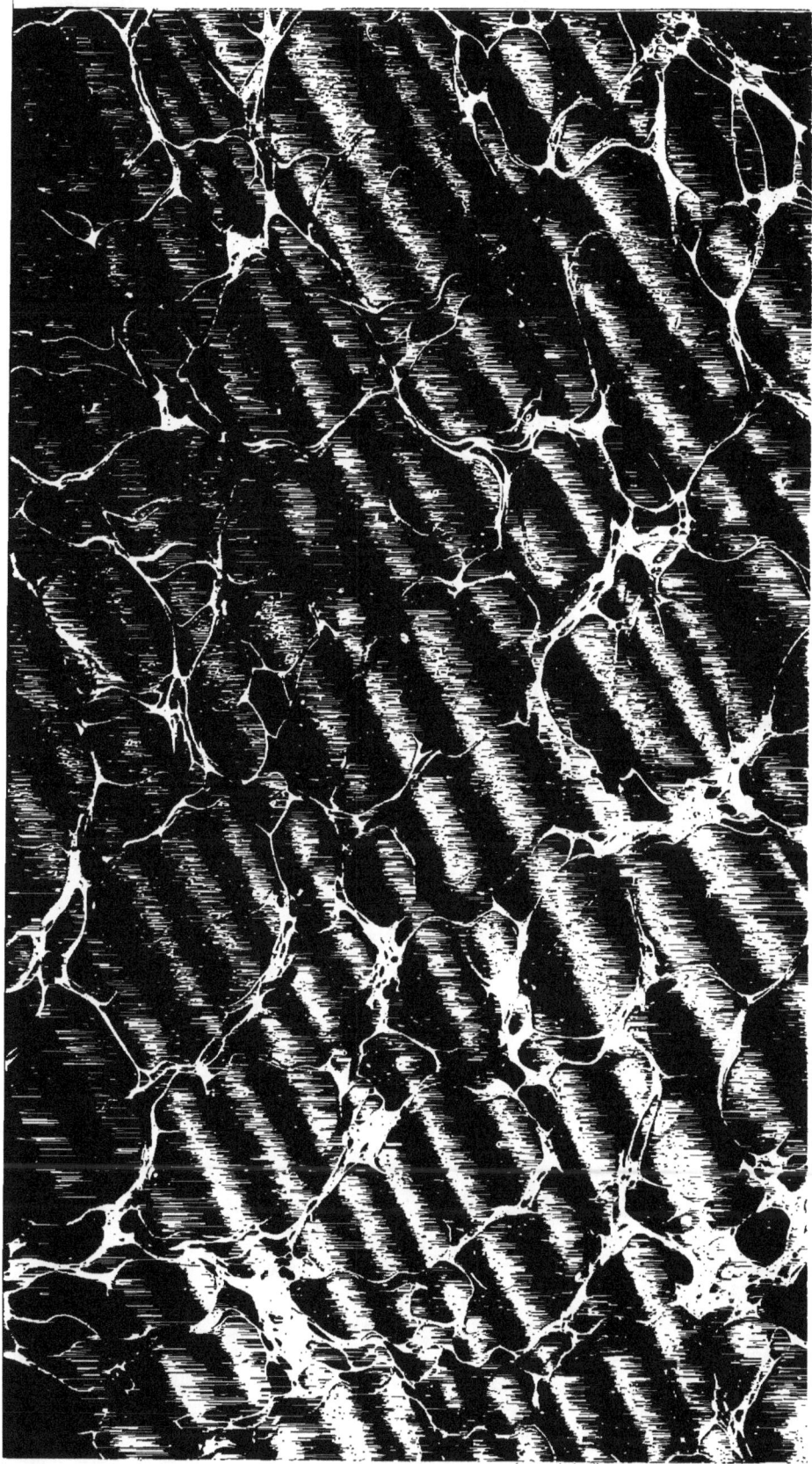

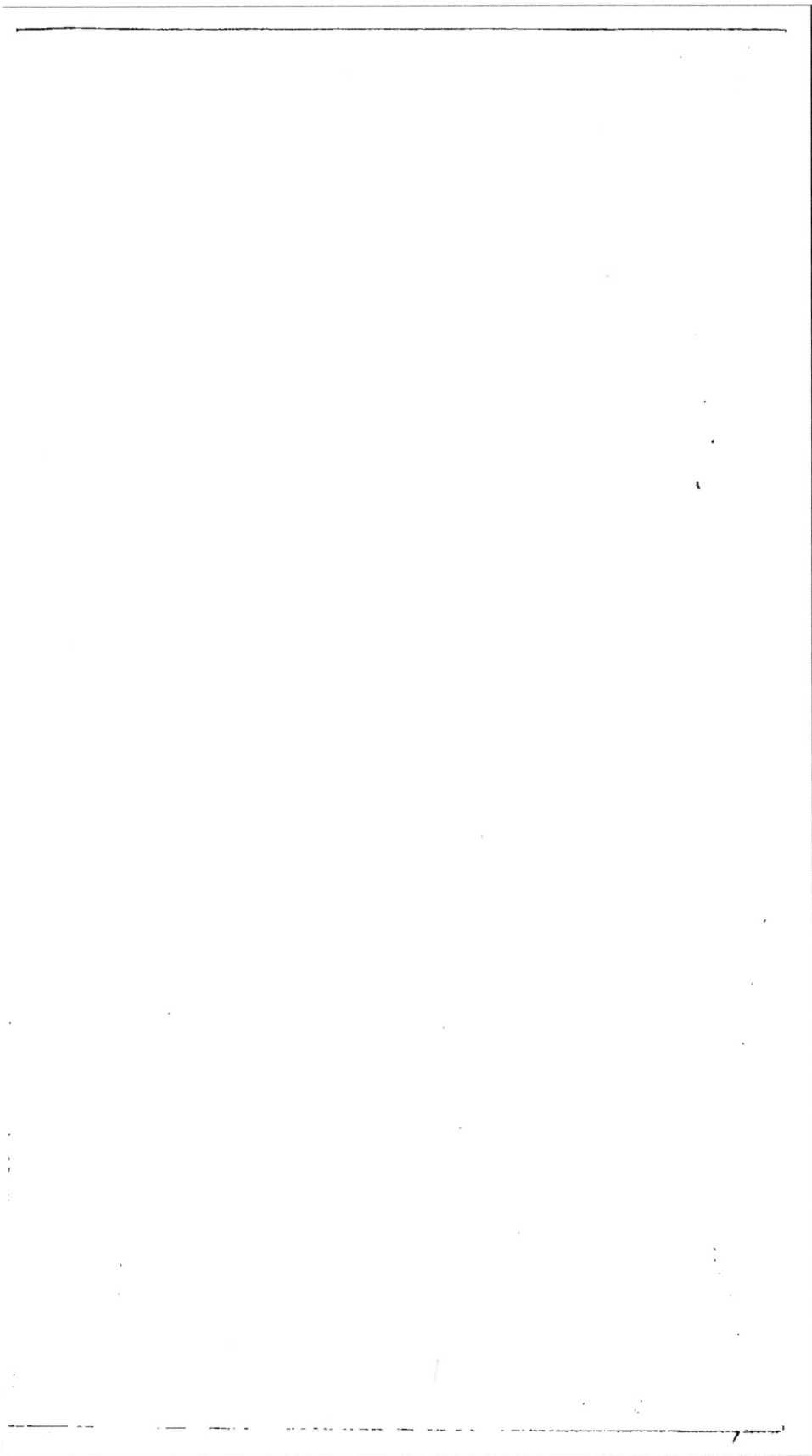

TABLEAUX

CODES ET INSTRUCTIONS.

TABLEAUX

DES

CODES ET INSTRUCTIONS,

OU

REFONTE DE L'ARTICLE 8551 DU JOURNAL DE L'ENREGISTREMENT,

Jusqu'au 1.er Octobre 1835,

PAR CH. LEBON,

Premier Commis de la Direction des Domaines au département de la Loire.

Prix : 7 f. 50 c. franc de port aux chefs-lieux des départements, 8 f. 50 c. par la poste.

SE TROUVE :

A MONTBRISON, CHEZ M. LEBON,

PREMIER COMMIS DE LA DIRECT. DES DOM.,

Et dans tous les chefs-lieux des départements, chez M. le Premier Commis de la Direction des Domaines.

MONTBRISON, IMPRIMERIE DE BERNARD, LIBRAIRE.

1836.

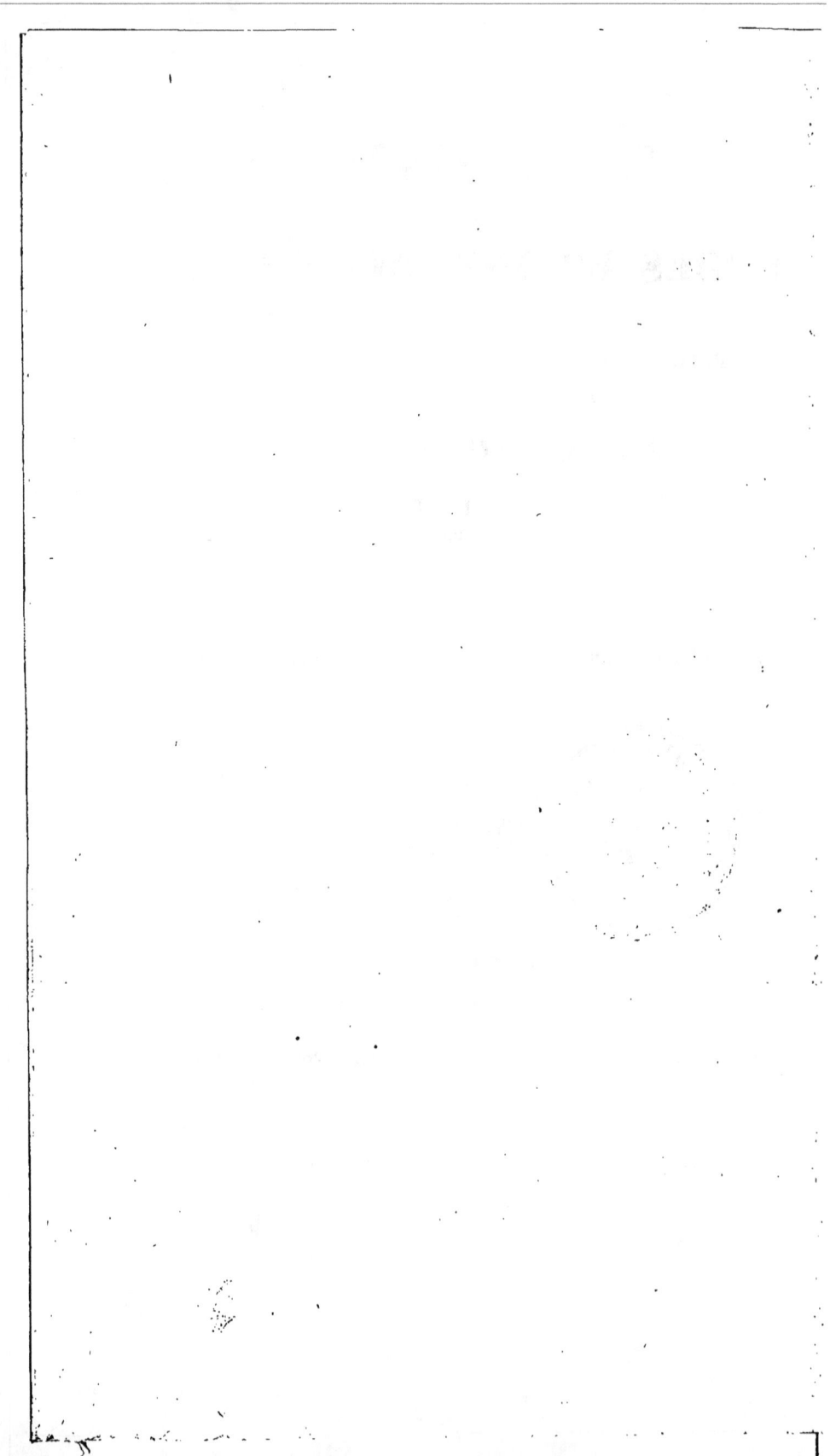

INTRODUCTION.

On déplore généralement la mobilité étrange qui se fait remarquer dans notre jurisprudence; le jugement s'égare dans cette fluctuation de principes divers consacrés et rejetés tour à tour, nos lois sur l'enregistrement en subissent les conséquences fâcheuses, leur application devient tous les jours plus incertaine.

Quoiqu'il en soit, le domaniste voulant se tenir au courant de la jurisprudence en vigueur, désirait trouver triés et classés tous les éléments utiles qu'ont fait naître les débats judiciaires et administratifs sur notre législation, pour, ainsi réunis, y recourir au besoin, les analyser, les apprécier dans leur ensemble et fixer son jugemsnt pour leur application.

Les instructions de l'administration et le Journal de l'enregistrement sont nos premières autorités *. On peut dire que les principes qu'ils renferment forment toute la saine jurisprudence sur notre législation; mais disséminés dans plus de 100 volumes, il importait de les dépouiller et de les rallier.

Tel est le but de cet ouvrage; il présente sinon la lettre, du moins le répertoire de tous les éléments de jurisprudence contenus dans ces deux recueils. Des tableaux énumèrent dans leur ordre les articles des différents codes avec renvoi en regard de chacun aux numéros des instructions et aux articles du Journal qui les traitent; par suite on est assuré, en remontant aux citations faites, de trouver les interprétations diverses, et les questions de toutes natures auxquelles chaque article de code a donné lieu.

---

* On désirait depuis longtemps une table alphabétique et analytique des instructions; deux sont publiées dans ce moment, l'une par MM. Baudouin et Vuarnier, vérificateur et premier commis au département de l'Aisne, l'autre par MM. les rédacteurs du *Journal de l'Enregistrement.*
Une table de cette nature est réellement indispensable à tous les employés de l'administration.

L'usage de ces tableaux est des plus facile; par exemple, on se fait des doutes sur une disposition soumise à une condition suspensive définie par l'article 1181 du code civil, on se reporte à cet article et en regard on voit les instructions et articles du journal qui ont traité la question, et tout récemment l'instruction 1490 § 9, et l'article 11154 du Journal.

Ainsi encore on veut savoir si le défaut d'élection de domicile dans une inscription entraîne la nullité de l'inscription; cette formalité étant prescrite par l'article 2148 du code civil, on a recourt à cet article et on se voit renvoyé aux instructions et articles du Journal en grand nombre qui ont traité la question, et enfin à l'article 11284 qui rappelle quatre arrêts de cour royale, qui déclarent l'inscription valable, et trois arrêts de la cour de cassation qui décident le contraire.

Il en sera de même pour les questions prenant leur source dans les autres codes; en regard des articles 557 et suivants du code de procédure, on sera renvoyé à tout ce qui est relatif aux saisies arrêt, en marge des articles 780 du même code, 52 du code pénal, 211 et suivants du code forestier, on sera reporté aux dispositions relatives à la contrainte par corps, et en regard de l'article 197 du code d'instruction criminelle, aux formalités à remplir et poursuites à exercer pour le recouvrement des amendes de condamnation, etc., etc.

Cet ouvrage contient en outre des tableaux présentant dans leur ordre numérique avec leur division par § les instructions de l'administration et à côté celles ultérieures ainsi que les articles du journal s'y référant.

Par exemple, conformément à l'instruction 386 § 29, les droits perçus sur les contrats de mariage sont restituables lorsque ces contrats sont résiliés; cette disposition est toujours en vigueur, mais par application de l'instruction 1437 § 5, la prescription pour la restitution des droits perçus court, non de la date de l'enregistrement de l'acte de résiliement, mais bien de la date de l'enregistrement du contrat de mariage, l'instruction 1437 § 5 figure donc à côté de celle 386 § 29.

Un travail semblable a été fait pour les ordres généraux de régie, les circulaires de M. le directeur général et celles de la comptabilité.

A l'égard de celles-ci comme elles comprennent souvent plusieurs dispositions différentes, on a regretté de ne pas les trouver divisées par § numérotés, afin d'annoter chaque disposition de celles ultérieures s'y rapportant spécialement, on y rémédiera en parcourant en entier la circulaire citée afin de voir ce qui est relatif à la disposition dont on voudra faire l'application.

Des blancs suffisants ont été ménagés pour tenir ces tableaux au courant, on commencera par l'instruction 1498 et on annotera 1437 § 14 de 1498 § 2 qui la rappelle.

De même l'instruction 1470 devra être annotée de la circulaire du 27 novembre 1835.

De même encore en commençant par le journal du 1.er octobre 1835, l'article 11286 devra figurer à côté de l'instruction 1471, ainsi de suite.

Une note placée en tête du code de commerce fait connaître que pour ce code et les suivants, afin de ne pas prendre une place inutile la série des articles dont il n'a pas été fait d'application a été interrompue mais qu'un espace en blanc a été laissé pour leur intercalation lorsqu'il en sera besoin; on en a agi de même pour les ordres généraux de régie et les circulaires de M. le directeur général dont les dispositions n'ont pas été modifiées ultérieurement.

La pensée dominante de l'auteur, en entreprenant ce travail d'une exécution extrêmement fastidieuse, a été d'être utile à ses collègues, il sera heureux s'il a atteint ce but.

CODE CIVIL,

Dispositions Générales citées sans Désignation spéciale d'articles.

TITRES.	CHAP.	SECT.	NUMÉROS DES INSTRUCTIONS	ARTICLES DU JOURNAL.
			Livre 1.er	
1				5724
	2	2		1444
2				1487
4			290, *n*. 72	1451 2873 2983 5724 5758
	3		386, *n*. 32	
		1		6113
6			1303, § 3	
6	5			2356
7	3	2		3849
8				3607
	1	1		8644
	2			(1)
10	2	2		1596
		9		5331
			Livre 2.	
1			251, *n*.4 1410 § 12	1863
	12			1685
3	2			5399
			Livre 3.	
1	3			1648 4679 6764
1				10797

(1) Circ. de M. le Direct. Gén. du 24 novembre 1806.

TITRES.	CHAP.	SECT.	NUMÉROS DES INSTRUCTIONS	ARTICLES DU JOURNAL.
	4			1648 4679 11268
		1		3849
		2		3271
	5			1557
		3		3391
		4		1748
	6			2953 5790 8594
		2		1625
2				1524 3689 4866 4974
2	3	2		1837
	4			5693
		1		1826 3965
	5			3223
2	8			9997
	9			3789 6443
3			1132, *n.* 10	
	4	4		3123
	5			2547
		3		2217
5	2	2		11163
5				2398 3789 6185
	2	1		8341
	2			5612
	3			8341
6				1679 6024 9997
	6	1	245, *n.* 1	5962 9558
		2	245, *n.* 1	
	8			3329
7			1354, §7	2953 3102
8				6392
9				2537 2934
10				6024

TITRES.	CHAP.	SECT.	NUMÉROS DES INSTRUCTIONS	ARTICLES DU JOURNAL.
13			407 839	5816
17	2			6165
18			233	3801 3957 4156 4430 5476
	2		300, *n.* 6	
18	4			8263
18	6			8244
	8			9282 8244
		1		4882
	3	1		2060 *bis*
		2		2060 *bis*
	5			2667
	8		255	1857 2374
	9			2036 2052 2058 *bis* 2705
	10		1045 1046	
19			251 290, *n.* 17	
20				3801
	4	1	233, *n.* 5	
	5	2		3261
		4		3261

CODE CIVIL.

ART. du code.	NUMÉROS DES INSTRUCTIONS.	ARTICLES DU JOURNAL.
1	344 666 1136 , *n.* 16	1443 1491 1531 *bis* 1532 2038 2069 3003 3100 3127 5601 5679 6084 9967 10230
2	1454	1443 1524 1874 2867 3003 3004 3127 3390 3267 3494 3556 3914 4048 4322 4436 4522 5344 5880 6310 7334 7976 9093 9248 9301 10486 10685 10852
3		8899
4		
5		
6		2123
7		
8		1581
9	544	
10	544	4022 6423
11		3498 3902 6341 6506
12		
13		
14		
15		
16		
17	(1)	2037 4022 7528
18		

(1) Voir la Circ. de M. le Directeur général, du 9 avril 1813.

ART. du code.	NUMÉROS DES INSTRUCTIONS.	ARTICLES DU JOURNAL.
19		6506
20		
21	490	
22		
23		3871 4445
24		
25	220	1444 3871 4175 4211 4445 8038
26		1444 8107
27	462 (1)	2009 5382 8107 9094
28	462 (2)	1490 2009 3390 3815 4746 5724 8019 8107 9094 10302 10855 11159
29		5724 10855
30		8107
31	354 469	
32		3871
33		1474 3871 5724 8782
34		
35		
36		
37		
38		
39		
40		
41	756 n. 6	3929
42		
43		4069

(1) Voir la Circ. de M le Directeur général, du 9 avril 1813.
(2)   idem   du 15 septembre 1807.

ART. du code.	NUMÉROS DES INSTRUCTIONS.	ARTICLES DU JOURNAL.
44		4069
45		
46		3644
47		1467
48		
49		
50		
51		
52		
53		
54		
55		
56		
57		
58		
59		
60		1487
61		
62		6276
63		1607 1508 2743 5533
64		1607 2743 4306 5533 9172
65		
66		1589
67		
68		
69		1589 1604
70		4109 7631
71		3829
72		7634
73		
74		
75		

ART. du code.	NUMÉROS DES INSTRUCTIONS.	ARTICLES DU JOURNAL.
76		
77		1487 2655
78		
79		
80		3203
81		5064
82		
83		
84		
85		
86		1487
87		
88		
89		
90		
91		
92		
93		
94		
95		
96		
97		
98		6877
99		
100		
101		
102		7982 11230
103	579	3546 5211
104	579 779	3546 5211 10179
105	579	5211 10179
106		7982 10179
107		7982 11230
108		5646 7982

ART. du code.	NUMÉROS DES INSTRUCTIONS.	ARTICLES DU JOURNAL.
109		7982
110	579	
111	393	2471 5308
112	436, *n.* 65 (1)	7781
113	(2)	3431 5758 9098 9859
114	(3)	
115	290, *n.* 72	1617 2023 2603 2779 3244 4899 5884 7455 10855
116		1617 2603 3244 4899 7455
117		7455
118		3909 7455
119		1617 2603 3244 4899 7455 10855
120	290, *n.* 72	2779 3390 4513 4899 5724 6580 7003 7393 7432 7449 7487 8019 8217 8641 9041 10855
121	290, *n.* 72	7093 8019 10855
122		
123		2779 3101 6190 7003 8641 8873
124		1451 10302
125	290, *n.* 72	3101 3788 4513 4899 5313 5724 7074
126		7432 7449 8873

(1) (2) (3) Voy. Circ. de M. le Direct. gén. du 21 mai 1826.

ART. du code.	NUMÉROS DES INSTRUCTIONS.	ARTICLES DU JOURNAL.
127	290, *n.* 72	3673 3932 6716 7449 7739 8034 9429 10855
128		7432
129	290, *n.* 72	2779 3101 3244 8873
130		6190 6871
131	290 *n.* 72	
132	290 *n.* 72	3673
133		
134		
135	1187 § 8 1293 § 5	1451 2023 3301 3383 7297 8912 9275 10206
136	1187 § 8 1293 § 5 1249 § 10	1451 2023 3301 3383 7074 7297 8912 9275 9498 10206 11178
137		3383
138		3383
139		
140		1451
141		9995
142		
143		
144		
145		2297 9246
146		
147		
148		1650 3759 9592
149		
150		
151		1599 3759 9592
152		3759 10385

ART. du code.	NUMÉROS DES INSTRUCTIONS.	ARTICLES DU JOURNAL.
153		
154		9592
155		
156		
157		
158		
159		
160		7968
161		6764
162		3197 6764
163		
164		2297 9246
165		2485
166		
167		
168		
169	1282 § 4	
170		
171		
172		
173		
174		
175		
176		
177		
178		
179		
180		
181		
182		
183		
184		3197
185		

ART. du code.	NUMÉROS DES INSTRUCTIONS.	ARTICLES DU JOURNAL.
186		
187		
188		
189		
190		3197
191		
192		
193		
194		
195		
196		
197		
198		
199		
200		
201		3197
202		3197 5481
203		7973 9125 10409
204		
205	390 *n.* 7 450 1446 § 9	1620 7593 7973 8366 8831 8953 9125 10688 10804 11213
206	1446 § 9	7103 7789 10688
207		7973
208		1620 7593
209		1620 8953
210		1620
211		
212		7383
213		
214		
215	606 *n.* 10	4256 5180 8589
216		4256

ART. du code.	NUMÉROS DES INSTRUCTIONS.	ARTICLES DU JOURNAL.
217	656 (1)	3895 4297 9159
218		4256 8589
219		
220		
221		
222		
223		5180
224		
225	606 *n*. 10	4256
226		
227		
228		
229		
230		
231		4449
232		
233		
234		
235		
236		1595
237		1595
238		1595
239		1595
240		1595
241		
242		
243		
244		
245		
246		
247		

(1) Voir la Circ. de M. le Directeur général, du 21 mai 1826.

ART. du code.	NUMÉROS DES INSTRUCTIONS.	ARTICLES DU JOURNAL.
248		
249		
250		
251		
252		
253		
254		
255		
256		
257		
258		
259		
260		
261		
262		
263		
264		
265		
266		
267		
268	9125	
269		
270		
471		
272		
273		
274		
275		
276		
277		
278		
279		
280	1777	

ART. du code.	NUMÉROS DES INSTRUCTIONS.	ARTICLES DU JOURNAL.
281		
282		
283		
284		
285		
286		
287		
288		
289		
290		
291		
292		
293		
294	660	2329
295		
296		9676
297		
298		
299		4449 7322 7589
300		5204
301	390 *n.* 7	1969 5204 7383
302		
303		
304		
305	660	1569 1860 1969 2329 8597 4449 7383
306		
307		
308		
309		
310		
311		
312		

ART. du code.	NUMÉROS DES INSTRUCTIONS.	ARTICLES DU JOURNAL.
313		
314	1307 § 10	
315		
316		
317		
318		
319		
320		
321		
322		
323		
324		
325		
326		
327		
328		
329		
330		
331		1566 2354 5749
332		2354
333		8312
334		1566 8333 8964 10640
335		7848 8333 8964
336		1566
337		10308
338		
339		
340		
341		
342		7848 8333
343		
344		5662

ART. du code.	NUMÉROS DES INSTRUCTIONS.	ARTICLES DU JOURNAL.
345		
346		7226
347		7363
348		7075 7363 9682 10197
349		7075 7363 7623
350		1580 6322 7075 7326 7363 7906 8167 8747 9525 10197
351	1307 § 11	5799 7075 7363 7623 8644 8747 9525
352	1307 § 11	3799 6251 7075 7623 8747 9525
353		1565 7226
354		1565
355		1565
356		1565
357		1565
358		1565
359		1565
360		
361		
362		
363		1573 2227
364	449	1573 2227
365		
366		1573 2227 5662 7226
367		1573 2227
368		
369		7406
370		

ART. du code.	NUMÉROS DES INSTRUCTIONS.	ARTICLES DU JOURNAL.
371		
372		
373		
374		
375		
376		
377		
378		
379		
380		
381		
382		
383		
384	1146 n. 11	1567 2558 3572 7934 8053 10934
385		1567 10934
386		10934
887		
388		
389		7406
390		1596 2558 7406
391		1596
392		1596 5487
393		1596 8557
394		9577
395		1596 9577
396	449	1596
397		5487
398		5487 7406
399		
400		
401		
402		

2

ART. du code.	NUMÉROS DES INSTRUCTIONS.	ARTICLES DU JOURNAL.
403		
404		
405		
406	220	9676
407	220	
408		
409		
410		
411		
412		1501
413		10183
414		10183
415		
416	220 1210 § 4	
417		1603
418		
419		
420	390 *n.* 1 (1) 1210 § 4	2867 5122 5487 5608 7406 8557
421	390 *n.* 1	2867 6867 6028 7406
422		
423		
424		1905
425		
426		
427		
428		
429		3078
430		

(1) Voir la Circ. de M. le Directeur général, du 21 mai 1826.

ART. du code.	NUMÉROS DES INSTRUCTIONS.	ARTICLES DU JOURNAL.				
431						
432						
433						
434						
435						
436						
437						
438						
439						
440						
441						
442						
443						
444						
445						
446		2357				
447		2357				
448		2357				
449						
450		1833	6323	7078	7432	7922
		8472	8659	8985		
451	1210 § 4	8553	8659			
452		6698	8037			
453	548	1775	2232	3566	3582	4009
		4506	5143	5608	6082	6319
		6426	7216	8053		
454	290 n. 23 1210 § 3	1925	5418	7584	8625	9577
455	449 1320 § 3	3262	5418	7584		
456	449 1320 § 3	3262				

ART. du code.	NUMÉROS DES INSTRUCTIONS.	ARTICLES DU JOURNAL.
457	265 1256 § 13	1833 6683 6956 7432 8066 8472 8985 9577
458	265	7432 8553 8985
459	366 n. 11 436 n. 78 (1)	1541 1598 2384 2606 4663 5060 6008 7731 8985 10547
460		
461	(2)	5418
462		
463		5817 7316 8865
464		6323
465		11158
466	1256 § 13	1668 1681
467		6323 7078
468		
469		1488 3616 5331 8730 9563
470	1132 n. 2	1488 3572 3616 7591 8730 10276
471	1200 § 10 1249 § 8 1307 § 3	3572 3616 7592 7922 8730 8736 9473 10276
472	1189 § 11 1200 § 10 1236 § 2 1249 § 8 1307 § 3	3830 7592 8730 8736 9019 9156 9473 9679 9710 9869 10635
473		8730
474	1132 n. 2	8730 9563
475		4559 8730
476		1587

(1) Voir la Circ. de M. le Direct. gén., du 4 prairial an 12,
(2)   idem   du 21 mai 1826.

ART. du code.	NUMÉROS DES INSTRUCTIONS.	ARTICLES DU JOURNAL.
477		1587
478		
479		
480		10276
481		3575
482 (1)		6937 10276
483		
484 (2)		1588 6937
485		1588
486		1588
487		
488		
489		
490		
491		4817
492		
493		
494		1586
495		
496		7805
497		1586
498		
499		1586 1684
500		
501		2585 2602 2656 4041 4972 9394
502		
503	1398 § 3	10204
504		
505		
506		

(1) (2) Voir la Circ. de M. le Direct. gén., du 21 mai 1826.

ART. du code.	NUMÉROS DES INSTRUCTIONS.	ARTICLES DU JOURNAL.
507		
508		1675
509	220	1675 10389
510		
511		
512		
513		
514		
515		
516	1272 § 3	9909
517	1272 § 18	1685 2345 3881 10074 10882
518		1685 1895 3881 5580 6059 8781
519	1132 n. 13 1272 § 17 1167 § 10	1685 2720 7392 7465 10943
520	288 1263 § 5 1446 § 10	1685 2109 2220 3884 3992 4021 5268 6071 6668 6904 7982 8648 9140 9369 9677 10122 10717 11007
521	1132 n. 13 1210 § 13 1249 § 9 1446 § 10	1685 2144 3881 4021 6904 7577 7582 8617 8648 9369 10747
522	290 n. 26 1446 § 10	1685 8826 9222 10122 10348
523		1685 3425 4141
524	290 n. 26 366 n. 12 489 1200 § 18 1272 § 17 et 18 1293 § 12 1410 § 12 1437 § 15	1685 1728 2251 2345 2387 3862 3888 3957 4021 4141 4284 4691 4855 5030 5197 5741 6681 7049 8458 8826

ART. du code.	NUMÉROS DES INSTRUCTIONS.	ARTICLES DU JOURNAL.
		8888 8998 9249 9321 9543 10348 10458 10647 10800 11251
525	366 *n*. 12 1293 § 12 1410 § 12	1685 6121 8998 9321 10458 10647
526	245 *n*. 1 775 1132 *n*. 10 1205 § 13	1685 2894 3782 4141 4161 5399 5406 5480 8542 8607 8690 9061 10074 10075 10279 10371 10780 10965
527	1282 § 12 1422 § 2	1685
528	1282 § 12 1410 § 12	1685 7982 9249 10070 10458 10600
529	290 *n*. 15 360 832 *n*. 3 1146 *n*. 2 1205 § 2 1272 § 3 1293 § 6 1437 § 13 1446 § 6	1685 1953 2124 2144 3267 3538 3770 3863 3888 3957 4908 5393 5394 5952 6179 7047 7717 7982 8235 9435 9553 9909 10028 10075 10503 10599 10618 10707 10752 10951 11035
530	625 832 *n*. 3	1685 2121 3772 9329 10502 10928 10965 10970
531	1272 § 17 1467 § 10	1685 2720 5521 9249 10375 10647 10942
532	1282 § 12	1685 1895 6668
533	1272 § 18	1685 1957 6668 7982 9182
534	1272 § 18	1685 6668 7982

ART. du code.	NUMÉROS DES INSTRUCTIONS.	ARTICLES DU JOURNAL.
535	1272 § 18	1685 1957 6668 7418 7982 9435 9909 10070 10600
536		1685 7962 10380
537		8622 9445
538	1022 1035 1047 n. 28	3556 4523 7311 7635 8431 8782 8979 9698 10109
539	447 (1) 1118 1407	2740 2752 2753 3244 4676 5607 6895 8651 8782 9876 11178
540		8115 8996
541		9428 10406
542		
543		10074
544	1236 § 5	2771 5769 7097
545	379 1236 § 7	5124 7794 9538 9723 9857 9928
546	1354 § 3	
547		3881
548		
549		
550		
551	1354 § 3	8998
552	1200 § 20 1236 § 7	3881 6616 8628 8952 9501
553		6616 7982 10882
554		6616 10858 10882
555	1354 § 3	1691 1895 6616 7912 8998 9501 9867 10152 10858 10882

(1) Voir la Circ. de M. le Direct. gén., du 26 septembre 1806.

ART. du code.	NUMÉROS DES INSTRUCTIONS.	ARTICLES DU JOURNAL.
556	1035 1175	1674 9411 9428 10573 11270
557	1035	1674 9428
558		
559		
560	1022 1035 1047 n. 28 1175 (1)	7278 9428
561		
562		
563		
564		
565		
566		
567		
568		
569		
570		
571		
572		
573		
574		
575		
676		
577		
578	1132 n. 10 1347 § 1 (2)	5399 5406 5495 5778 6159 6185 6382 6494 6958 7940 8607 9674 10758 10804
579		8607 9674
580		4905 6958 8607 9674

(1) Voir la Circ. de M. le Direct. gén., du 14 août 1806.
(2)　　　　　idem　　　　　du 21 mai 1826.

ART. du code.	NUMÉROS DES INSTRUCTIONS.	ARTICLES DU JOURNAL.
581		
582		5399 5406 8607
583		8278
584	1486	
585	1263 § 5	5387 6185 9140
586	1263 § 5 1486	5329 9014 9140
587	1263 § 3	4692 10758
588		
589		
590	1210 § 13	6185
591		
592		
593		
594		8777
595		4974 6185 6382 8587 8892 10390
596		
597		6185
598	1446 § 10	3214
599		10152 10295
600		7464 11012
601		1693 7464
602		
603		
604		
605		
606		
607		
608		2945 7940
609		5121 6087 8955
610		9588
611		7464
612		5121 7464

ART. du code.	NUMÉROS DES INSTRUCTIONS.	ARTICLES DU JOURNAL.
613		8484
614		
615		
616		
617		1704 6159 6958 9674
618		1704
619		
620		7206 9674 11007
621		11216
622		9569 11216
623		
624		5521
625	1388 § 6	5399 10087
626		
627		
628	1388 § 6	10087
629		
630		5399
631		
632	1388 § 6	10087
633		10087
634		
635		8236 9339 10087
636		8236 9339 10371 10509 10798
637		5399 9061
638		
639		
640		
641		3764
642		3764 10548
643		3764

ART. du code.	NUMÉROS DES INSTRUCTIONS.	ARTICLES DU JOURNAL.
644		3556 3764
645		3556 3764
646	1294 § 5	9335 11182
647		
648		
649		
650		
651		
652		
653		
654		
655		7265
656		
657		
658		10279
659		
660		10279
661		7265 10279
662		
663		11270
664		
665		
666		
667		
668		
669		
670		
671		11058
672		8356 8845
673		
674		
675		
676		

ART. du code.	NUMÉROS DES INSTRUCTIONS.	ARTICLES DU JOURNAL.
677		
678		
679		
680		
681		
682		
683		
684		
685		
686		
687	1204 § 4	
988		3425 4141
689		
690		
691		10778 11058
692		
693		
694		
695		10778
696		
697		
698		
699		
700		
701		
702		
703		
704		
705		
706		10644 11058
707		
708		
709		

ART. du code.	NUMÉROS DES INSTRUCTIONS.	ARTICLES DU JOURNAL.
710		
711	1200 § 17	2771 7824 8401 9726
712		
713	493	1654 2740 2752 2753 3241 5607 6605 6895 8651 10789
714		
715		
716		1654 2740 2752 2753
717		2740 2752 2753 6895 8123 8651
718		2735
719		
720		1559 4485 7003 8209
721		1559 4485 7003 8209
722		1559 4485 7003 8209
723	1118 1407	2319
724	290 n. 70 405 n. 3 484 1118 1388 § 4 1407	2735 4513 6557 7464 7608 7623 7653 8200 8209 8240 8524 8747 8917 8918 9448 9995 10032
725	1187 § 8 1307 § 10	3853 6341 7008 7658 8209 9467 9884
726	900 1458 § 6	3902 4181 6341 6506 7185 9653 10032 10789 10847
727	386 n. 37 1407	1597 2701 3951
728		1597

ART. du code.	NUMÉROS DES INSTRUCTIÓNS.	ARTICLES DU JOURNAL.
729		1597
730		1597
731		
732		
733		1882 3473 3818 5537 6144 8126
734		
735		1648
736		1648
737		1648
738		1648
739		1581 4513 7623
740		1581 1648 7363
741		1648
742		1702 3473 4679 7452 10797
743		1648 10016
744		1648
745		1648 7623
746		1648 1882 6144 6251 8440
747	368 n. 18	1648 1768 2172 3773 5799 3973 4530 4792 5407 5624 5893 6251 6321 6322 6369 6393 6394 8761 9525 9604 9763 10461 10722
748		1648 2172 8761
749		1648 1702 6144
750		1648 3818 10461
751		1648 6144 10461
752		1648 3473 3818

ART. du code.	NUMÉROS DES INSTRUCTIONS.	ARTICLES DU JOURNAL.
753		1648 1702 1882 3947 6144 8440
754		1648 4935
755	714 § 3 n. 6	1648 1882 5537 8782
756	239 1490 § 6	1611 7844 8084 8118 8312 8422 8594 9256 10461 10545 11054
757	239 1490 § 6	1611 1702 3314 4679 7452 7844 8082 8084 8594 8964 9256 9257 9737 10461 10545 10797
758	714 § 3 n. 6	1611 1648 1702 7844 8084 8782
759		1702 7623
760		1702
761		1702 11268
762		8964
763		8964
764		
765		1702 7848 8333
766		1702 6591 10797
767	219 n. 6 300 n. 1 713 § 3 1118	1474 1648 1702 75 3951 8782 9448 11178
768	219 300 n. 1 1118 1203 § 1 1312 1407	1474 1648 1702 2647 3429 3951 6211 7361 7608 8052 8639 8782 10789 11178
769	219 1118 1312 1407	6298 7608 8804 9448 11178

ART. du code.	NUMÉROS DES INSTRUCTIONS.	ARTICLES DU JOURNAL.
770	219 300 *n.* 2 1118 1203 §1 1373 1407	6386 7361 7455 7608 7653 9448 10789 11178
771	219	8639 8804 8873 11178
772	1118	8804
773		8639
774	1407	9590
775	290 *n.* 70 1118 1407	8445 8804 9962
776		
777		
778	1146 *n.* 9 1437 §10	2492 9635
779	1437 § 10	9273
780		1480 5365 9281
781		1628 2828 10683
782		2828
783		5677 9590
784	373 *n.* 1 386 *n.* 27 996 *n.* 1 1146 *n.* 9	2157 2848 3396 5345 5365 7408 10683
785	290 *n.* 70 1173 *n.* 7	1756 6144 8127 8572 8851 9356
786	1173 *n.* 7 1490 § 6	1756 6144 7588 8572 8851
787		1648
788		1602 1756 7485
789		8052 8731
790	1118 1209 § 2	7408 8052 8445 9611
791		2206 8401 9640
792		
793	373 *n.* 1 996 *n.* 1 1086	1492 1564

3

ART. du code.	NUMÉROS DES INSTRUCTIONS.	ARTICLES DU JOURNAL.
794	373 *n.* 1 996 *n.* 1	9128
795	300 *n.* 1	8804
796		
797		
798	1307 § 9	
799		
800		
801		10379
802	1282 § 5	2407 5677 7426 8629 9128 9590 9766 10631 11186
803	1290	2407 9114 9164 9445 9766 11186 11193
804		
805		3304 7426 9445
806	267 1132 *n.* 5 1407	9114 10875
807		10875
808	1180 *n.* 3	9114
809		
810		
811	219 300 *n.* 1 1118	1474 2171 8445 8732 11178
812	219 1118	1474 2171 5153 8445
813	219 267 273 300 *n.* 3 et 4 1203 § 1 1235 1290	1474 2762 3411 8445 8862 9114 11178
814	219 267 1290	1830 8445 9114 11178
815	267	5324 6118 6480 9256
816		
817		

ART. du code.	NUMÉROS DES INSTRUCTIONS.	ARTICLES DU JOURNAL.
818		11158
819		1668 2048 3756 3771
820		
821		
822		2805
823		6315
824		5210
825		
826		8220 8240 8633 9256 10367
827	1354 § 2	6018 7299
828		1627 4428 8932 9425 10987
829		1558 6969 8460 9542 10414
830		1558 1824
831	1422 § 12	1558 10532
832		5096 8633
833	1336 § 5	8524
834		
835		
836		
837	436 n. 75	1627 8688 8932 10968
838		6315 8688
839		6018 8688
840	1256 § 13	9059
941	245 n. 3 (1) 1205 § 9 1236 § 5	1626 1726 2340 2524 2935 4045 6425 7844 8126 8160 8594 8660 8875 9217 9684

(1) Voir la Circ. de M. le Direct. gén., du 17 messidor an 12.

ART. du code.	NUMÉROS DES INSTRUCTIONS.	ARTICLES DU JOURNAL.
		9777 9798 10996
842		
843	1209 § 1	1625 1824 6969 7969 8142 8460 8696 9436 9822
844		9153 9542 10404
845	1209 § 2 et 3	1824 4528 5934 9097 9153 9542 9808
846		
847		
848		
849		5801 6566 6764
850		
851		4756 7321 8990 9032
852		4756 7321
853		7969
854		
855		1824
856		1824
857		1824 7280 9097 9610 10859
858		1625 8142
859		1625 1824 5842
860		1625 1824 5842 9808
861		1824
862		1824
863		1824
864		

ART. du code.	NUMÉROS DES INSTRUCTIONS.	ARTICLES DU JOURNAL.	
865		1824 10912	
866		1824	
867			
868		5166 5842	
869		6891 10467	
870		5096 8654	
871		3123 5096 895	
872			
873	832 n. 2 1410 § 5	2123 4031 8917 9862 10362	
874		5096	
875		6867	
876			
877		1914 5669 7466	
878	1410 § 6	8917 10369	
879		5312 8917	
880			
881			
882	251 n. 5	2735 3123	
883	405 n. 3 484 903 1446 n. 8 et 11 1150 n. 8 1180 n. 2 1205 § 9 1229 § 12 1236 § 5 1303 § 12 1307 § 2 et 8 1354 § 10 1401 § 7 1440 § 11 1422 § 12 1425 § 6 1437 § 8 1446 § 1 1458 § 8 1481 § 7 et 8	2735 5983 6550 6568 6803 6808 7021 7113 7191 7357 7392 7556 7773 7934 8047 8230 8460 8524 8536 8543 8578 8614 8687 8693 8787 8799 8904 8939 9009 9085 9204 9328 9333 9396 9419 9425 9534 9649 9750 9782 9814 9821 9845 9870 9891 10260 10341 10363 10532 10552 10595 10618 10625 10632 10678 10745 10761 10819 10844 10890 10895 10987 11082 11090 11095	

ART. du code.	NUMÉROS DES INSTRUCTIONS.	ARTICLES DU JOURNAL.
		11104 11158 11201
884		6694 6909 9750
885		6694 9750
886		9750
887		1570 1695 8142 9750
888	1422 § 12	1570 1695 7021 7330 7357 7412 8939 9204 9419 9476 9870 10260 10532 10625
889	1422 § 12	7021 7357 9419 10532
890		1570 1695
891	1347 § 4	1570 1695 9768
892		
893		1510 4572 7971
894	290 n. 29 1189 § 2 1272 § 5 1307 § 5 1398 § 2	1510 2771 5863 7146 7273 7338 7375 7621 7671 7855 8760 8829 8847 8858 9188 9196 9202 10141 10249 10331
895		1510 8777 10450
896		7464 8077 8300 8748 9493 10322
897		
898		8077
899		8077 8300
900		8710 9343 9990

ART. du code.	NUMÉROS DES INSTRUCTIONS.	ARTICLES DU JOURNAL.
904		
902		3902
903		8220
904		7027 7984 8440
905		
906		8703
907		
908		9257
909		
910	485	8504 8819 8838 9322
911		
912	900	3902 4184 6506 7185 9653 10032 10789 10847
913	1173 n. 7 1272 § 4 1481 § 2	2011 3314 6475 7341 7353 7906 8220 8572 8748 8851 8886 9610 9737 9808 10115 10343 10793 11087
914		8572 8851
915	1490 § 6	3515 3659 5880 7799 8440 8572 8748 8851 9368 9763
916		3515 8748 8782 9737 10210
917		8825 10575
918		4886 7659 7969 8518 9985 10299
919		4518 6925 7353 8174 9074 10343 10565
920	1150 n. 16	6554 7906 7969 8220 8825 8961

ART. du code.	NUMÉROS DES INSTRUCTIONS.	ARTICLES DU JOURNAL.
921	1173 n. 7 1451 § 5	8825 10575 10756 10859
922		7906 9542 9610 10859 10880
923		
924		
925		
926		11097
927		
928		
929		8961
930		
931	432 n. 3 1437 § 12	7280 2771 3111 7375 7971 8554 9044 9054 11085 11242
932	290 n. 29	1619 2771 5432 6482 7316 7592 7621 7907 8847 9011 9030 9625 10456 10863
933	832 n. 2	6529 7603 8344 8423
934		
935		5817 7316
936		
937	209	7621 8819 9625 10863
938	196 290 n. 29 1200 § 5	2230 3670 5274 7273 7942 8433 8847 8858 9247 9808
939	196 209	1495 2001 2090 2230 2280 2708 4590 4910 5274 6492 7303 7467 7481 8406 9174 9210 9279 9617 9649 10344

ART. du code.	NUMÉROS DES INSTRUCTIONS.	ARTICLES DU JOURNAL.	
		10486 10819	
940	209	1495 7573 9993	
941	196	1495 2001 2090 2230 2280	
		4910 5274 7467 7481 7573	
		8111 8758 9649 10341 10819	
942		1495 2280	
943			
944		8287 8805 9568	
945		3713 5693 7273 7375 7942	
		8299 8351 9808	
946		8813	
947	1388 § 2	5208 5432 8813 10144	
948	196 351	1495 3798 4654 4910 10193	
949	1200 § 5	5693 8433	
950			
951	366 n. 18 1307 § 11	1542 3799 4530 5407 5624	
	1320 § 4	6251 7326 8378 8747 9055	
		9069 9525 9604 10722	
952	1200 § 5 1307 § 11	1542 4530 5624 7084 7629	
	1320 § 4	8433 8747 9188 9525 9604	
		10912	
953		4590 5693 7832 8014	
954	1388 § 2	4590 5693	
955		7832 8014 9125 9139 9210	
956		5693	

ART. du code.	NUMÈROS DES INSTRUCTIONS.	ARTICLES DU JOURNAL.
957		
958		6492 9139 9210 9279
959		4449 7322 7589 7832 8014
960		3883 7832 7906 8014 8167 8533 8719 9414
961		
962		9414
963		7788
964		8719
965		
966		
967		6084
968		7375 9044 9059 11085
969		10640
970		7969 8074 9044
971		8394
972	390 *n.* 16	7668 7909 8335 10442
973		7437
974		
975		
976	290 *n.* 73 359	1621 2703 6939 9619
977		
978		
979		
980		8383
981		
982		

ART. du code.	NUMÉROS DES INSTRUCTIONS.	ARTICLES DU JOURNAL.
983		
984		
985		
986		
987		
988		7426
989		7426
990		
991		
992		
993		
994		
995		
996		
997		
998		
999		1805
1000		1805
1001		7437 7909 8394 11085
1002		7353
1003		6310 7821 7824 8875 9588 9767
1004		2041 8240 9356
1005		2041 4160 7681 8084
1006	1229 § 11 1370 § 7	2041 5730 6444 7464 9356 9588 9962 10397
1007	359	3778 4406 6660 8521 9347 10273
1008	1229 § 11	2041 4406 10397
1009	366 *n.* 9 1204 § 2 et 3	2848

ART. du code.	NUMÉROS DES INSTRUCTIONS.	ARTICLES DU JOURNAL.				
1010		2795	7824	8186	8875	8955
1011		2795	4160	5206	7681	8399
		8642	9588			
1012		2795	2848			
1013	366 n. 9	1879				
1014	366 n. 9 1451 § 4	2041	2795	5206	7324	7681
		7823	7824	7899	8399	9437
		10808	10828	10843		
1015		2795	7681	10843		
1016	401 1156 n. 7 1432	1508	1509	5937	7205	7823
		8739	11118	11214		
1017	366 n. 9 401 1204 § 2 et 3 1210 § 6 1432	11118				
1018						
1019						
1020						
1021		6310	8047	9990		
1022		3780				
1023						
1024						
1025						
1026	1204 § 7					
1027						
1028						
1029						
1030		10180				
1031		9171				
1032						
1033						

ART. du code.	NUMÉROS DES INSTRUCTIONS.	ARTICLES DU JOURNAL.
1034		
1035		7507 9191 10450
1036		1899 2434 9767
1037		
1038		7821 9191
1039		8039
1040	1451 § 4	6898 7464
1041	1451 § 4	10828
1042		
1043		2041 8127
1044	1354 § 6	1509 3129 5339 7205 7486 9493 9568 9801
1045		1509 7205
1046		
1047		
1048	413 1150 *n.* 16 1187 § 14	4549 4618 4892 6969 7097 7899 8077 8703 8748 10115
1049	413 1481 § 3	4549 4618 7097 7899 8077 8703 8748
1050	1481 § 3	8748
1051		4549 4618 8748
1052		
1053		4892 7097 10115
1054		
1055		1546
1056		1546
1057		1546
1058		
1059		
1060		
1061		

ART. du code.	NUMÉROS DES INSTRUCTIONS.	ARTICLES DU JOURNAL.
1062		
1063		
1064		
1065		
1066		
1067		
1068		
1069	196 1150 *n.* 16 1187 § 14	1546 2280 7899
1070	196 1187 § 14	2280 9993
1071	196	2280 8111
1072		2280 9993
1073		
1074		8748
1075	1136 *n.* 3 1150 *n.* 5 1187 § 4 et 9 1229 § 3 1249 § 10 1303 § 7 1307 § 5 1336 § 5 1354 § 2 1370 § 3 1401 § 3 1410 § 5 1425 § 6 1437 § 12 1481 § 2	1511 7375 7820 7855 7907 7942 7960 7985 8009 8015 8056 8072 8073 8121 8189 8202 8219 8241 8379 8390 8544 8633 8758 8779 8805 8806 8823 8828 8886 8940 8969 9021 9031 9044 9126 9137 9153 9180 9307 9313 9383 9432 9447 9476 9481 9881 9936 9969 10015 10097 10231 10250 10299 10316 10362 10595 10646 10650 10656 10735 10771 10918 10958 11087 11154 11187 11268 11226
1076	832 *n.* 2 1136 *n.* 3	1511 2691 5276 7375 7820

ART. du code.	NUMÉROS DES INSTRUCTIONS.	ARTICLES DU JOURNAL.
	1150 n. 5 1187 § 4 et 9 1229 § 3 1249 § 10 1307 § 5 1336 § 5 1354 § 2 1370 § 3 1401 § 3 1410 § 5 1425 § 6 1437 § 12 1481 § 2	7855 7907 7942 7960 7985 8009 8045 8056 8072 8121 8189 8202 8219 8241 8379 8390 8544 8758 8779 8805 8806 8823 8828 8886 8940 8969 9024 9031 9044 9126 9137 9180 9307 9313 9383 9432 9447 9476 9481 9881 9936 9969 10015 10097 10231 10250 10299 10316 10362 10595 10646 10650 10656 10785 10918 10958 11087 11154 11187 11268 11226
1077	1303 § 7	1511 7855 8379 9383
1078	1249 § 10	1511 7985 8633 8940 8969 10771 11087
1079	1336 § 5	1511 2691 5102 8056 8073 8633 9383
1080		1511 8073
1081	196 290 n. 35	6898 7370 8425 8703 9808 10141 10793
1082	196 290 n. 35 1398 § 2	1786 3670 5208 6036 6410 7623 8191 8993 9069 9497 9693 10249 10331 10793
1083	196 290 n. 35 1398 § 2	3423 5208 5904 6036 7291 8191 8993 9069 9497 9693 10249 10331 10793

ART. du code.	NUMÉROS DES INSTRUCTIONS.	ARTICLES DU JOURNAL.
1084	196 290 n. 35 386 n. 19 1307 § 4 1320 § 4	1786 2429 3323 3670 3798 5208 5904 7291 7370 7401 8103 8299 8544 9355 9464 9488 9587 10793
1085	196 1307 § 4 1320 § 4	1786 5208 5904 7370 7401 8299 9488
1086	527 1288 § 2	3670 5208 6199 8813 10141
1087		
1088	386 n. 29	2910 3423 7597 8014 8137 10663
1089	463 1132 n. 6 1307 § 4 1320 § 4	1786 3670 3697 5208 7370 8993 9069 9488 9693 10410 10597
1090	463 1320 § 4	3697 7370 8425
1091	196 1272 § 4 1401 § 4	9365 9606 10318 11113
1092	96	1703
1093		8191
1094	1437 § 10 1451 § 5	3515 3789 6475 6554 6763 6852 7344 7906 8167 8955 9368 9656 10391 10575 10756 10859 11012 11048 11113
1095		7981 9059
1096	196 290 n. 27 432 n. 3 656	1703 3111 3884 4966 7745 8858 10410 10557
1097		3111 6763 8488 9365
1098	1481 § 7	3789 5314 6475 8138 11038 11048

ART. du code.	NUMÉROS DES INSTRUCTIONS.	ARTICLES DU JOURNAL.
1099		11005
1100		
1101		7861
1102		10512
1103		10512
1104	1256 § 5 1381 § 2	4145 7585 10006 10657
1105	476	
1106	476	
1107		
1108	1354	9896 10432
1109		7972 9193
1110		9193
1111		
1112		
1113		
1114		
1115		
1116		7972
1117		1772 1854 3780 7972 8946 9102
1118		1854 9768
1119		1772 9963
1120		1772 4256 6194 7441 8720 8745 9963
1121	1219 § 4 1437 § 4	2429 5834 6194 7516 10629
1122	1293 § 11	9340 10792
1123		3895 3914 9156
1124	1354 1398 § 3	3895 9896
1125		3914
1126		
1127		

ART. du code.	NUMÉROS DES INSTRUCTIONS.	ARTICLES DU JOURNAL.
1128		
1129		
1130	1236 § 6	9640 10299
1131	1282 § 11	3725 7592 8510 9263
1132		7592
1133		
1134	1272 § 4 1370 § 1	3428 3598 6253 6694 10705
1135	1370 § 1	3428 3598
1136		
1137		
1138		
1139		5840 6196 6333 6479 8971
1140		
1141		
1142		10997
1143		
1144		
1145		
1146		
1147		
1148		
1149		
1150		
1151		
1152		
1153	314 353	2103
1154	314 353	10472
1155	314 353	5092
1156	1303 § 7 1333 1381 § 2	5914 8000 8065 9383 9438 9693 10837 10926 11185

ART. du code.	NUMÉROS DES INSTRUCTIONS.	ARTICLES DU JOURNAL.
1157		2311 5701 8354
1158	1333	5914 9312
1159		9312
1160		
1161		9693 9911
1162	1370 § 1	9911
1163		9911
1164		2311
1165	1210 § 12 1219 § 4	2060 8345 8686 9569 9963
1166	265	1896 8416 10915 10996
1167		3986 9557 9569 10996
1168		9225
1169		9423
1170		3102 5435 6992 9366 10544 10565
1171		
1172		
1173		
1174		5435 9674 10257 10997
1175		
1176		
1177		
1178		
1179		5624 9218 10171 10696
1180		8516
1181	1422 § 9 1490 § 9	1959 2161 5295 6810 8419 9423 10392 10531 10550 10565 10792 10828 11154

ART. du code.	NUMÉROS DES INSTRUCTIONS.	ARTICLES DU JOURNAL.
1182	1422 § 9	1959 2161 6810 10550
1183	1132 *n.* 6 1200 § 5 et 19 1307 § 2	3102 5295 5400 6196 6649 7084 7219 7380 7671 8433 8890 8892 9096 9142 9403 10531
1184	672 1446 § 11	5295 5316 5400 6196 6333 8890 9096 9296 9403 9750 9995 10846
1185	1189 § 2 1200 § 5	7671 8433
1186		
1187		9003
1188	1189 § 11	
1189		8885
1190		8885
1191		8885
1192		
1193		
1194		
1195		
1196		
1197		4641
1198		4641
1199		
1200	1384 § 2	3772 5806 8409 8221 9163 11095
1201		
1202	1481 § 1	4011 5806 11095
1203	386 *n.* 36 495	10399
1204	386 *n.* 36 495	4455
1205		

ART. du code.	NUMÉROS DES INSTRUCTIONS.	ARTICLES DU JOURNAL.
1206		
1207		
1208		
1209		
1210		4184
1211		4184
1212		
1213	1384 § 2	7594 10720
1214	1384 § 2	10720
1215	1384 § 2	
1216	1384 § 2	1727 4475 5413 5513 7774 8567 9163 9639 10507 10649 10720 10927 11002
1217		
1218	1282 § 5	11095
1219		9237 10399
1220		
1221		2123 10399
1222	1282 § 5	11095
1223		
1224		
1225		
1226	672 1381 § 8	10008 10042 10980
1227		
1228	672	
1229		
1230		
1231		
1232		
1233		
1234		4029 7738 9076 9124 9189 9252 9564 9601 10062 10412

ART. du code.	NUMÉROS DES INSTRUCTIONS.	ARTICLES DU JOURNAL.
1235		7152 7384 8017
1236		1741 759
1237		
1238		9252
1239		9241
1240		
1241		
1242		
1243		
1244		
1245		1890
1246		
1247		4749 6196
1248	403 1132 *n.* 16	3034 3387 4365 4499 9009 9381 9397 10199 10473 10484 11212
1249	454	1749 10480
1250	1272 § 2	1749 3454 5485 6885 6985 9943 10480 10988
1251	1229 § 10 1272 § 2	4740 1749 5756 5757 5935 6035 7416 7882 8522 9149 9451 10403 10666 10708 10988
1253		
1254	839	
1255		
1256	342	
1257	736	1750 4912 7149 9868 10495 10897
1258		1750 4912 6196 7149 9082 10897

ART. du code.	NUMÉROS DES INSTRUCTIONS.	ARTICLES DU JOURNAL.	
1259		1750 10897	
1260			
1261			
1262			
1263			
1264			
1265		1751 3358 6643	
1266		1751 6643	
1267		1751 6643 8770 9006	
1268	386 n. 18	1751 2882 3382	
1269	1293 § 9	1751 3681 9006	
1270		3358 9006	
1271	1446 § 8	1744 1767 1891 4003 4177	
		5213 5828 5829 7023 7050	
		7249 7922 8366 8409 8472	
		8515 8917 9076 9308 9564	
		10042 10403 10719 11068	
1272			
1273	1446 § 14	5829 8409 8515	
1274			
1275		1812 2860 3212 7145 8738	
1276			
1277		8515 9308	
1278		5289 7050 11068	
1279		4082	
1280			
1281			
1282			
1283		4117 9189 9241	

ART. du code.	NUMÉROS DES INSTRUCTIONS.	ARTICLES DU JOURNAL.
1284		
1285		5229 5701 7472 7628
1286		
1287		7472
1288		
1289		4502 9252 10060
1290		4502 5854 8311 8701 8737 9169 9252 9384 10060
1291		3879 9384 10060
1292		
1293		
1294		
1295		
1296		
1297		
1298		
1299		
1300	1180 n. 3	3532 4029 7203 8100 8744 8774 8923
1301		
1302		3556
1303		10126
1304		4280 4995 5077 9896
1305		8696 9896
1306		9896
1307		4798
1308		
1309		
1310		
1311		9896

ART. du code.	NUMÉROS DES INSTRUCTIONS.	ARTICLES DU JOURNAL.
1312		
1313		1854
1314		8696
1315		8827 10488 10531
1316		
1317		5147 5151 10640 11019
1318		4373 9620
1319	1381 § 2	6679 8206 8344 9188 9189 9937 10006 10278
1320	1205 § 10	6679 8544 8601
1321		3161 4226 7050 10762
1322		3208 3639 11143
1323		2486 3639 4782 5061
1324		2486 3639 4782 5061
1325	1381 § 11	2366 3208 4042 4254 4386 4491 9620 10113
1326		7249
1327		1765
1328	1388 § 1 1410 § 3	2212 3324 3623 5069 5310 5444 5833 7557 9028 10083 10359 10474 10531 10556 11143
1329		7288
1330		
1331	925 1205 § 10	7685
1332	925 1381 § 11	2044 7596

ART. du code.	NUMÉROS DES INSTRUCTIONS.	ARTICLES DU JOURNAL.
1333		
1334	1307 § 13	
1335	960 1307 § 13 1446 § 2	3591 3642 4099 5833 8759 9937 10718 10915
1336		9390
1337	1027	2349 3087 3684 4930 7066 10778
1338		5844 6014 9641
1339		7592
1340		4130
1341	(1)	3472 3857 4130 5747 6948 8345 10453 10531 10614 11277
1342		8345
1343		
1344		
1345		
1346		
1347		4144 5747 6948 8345 10823
1348		4144 5747 10453 10614 10823
1349		
1350	1146 n. 20 1381 § 12	2427 5152 7207 7795 9502 10143 10556
1351	1381 § 12	2193 2427 2809 4099 5058 9502 10143 10751

(1) Voir la Circulaire de la Comptabilité générale n. 31.

ART. du code.	NUMÉROS DES INSTRUCTIONS.	ARTICLES DU JOURNAL.
1352		2427 5152
1353	1272 § 8	5747 8694 10823
1354		
1355		
1356		1773 7207 10995
1657		
1358		
1359		6325
1360		
1361		6325
1362		
1363		
1364		
1365		
1366		
1367		6197 8143
1368		
1369		
1370		
1371		10528
1372		10528
1373		
1374		
1375		
1376	1272 § 7	6863 9038
1377	1272 § 7	6863 8311 9038
1378		
1379		
1380		
1381		
1382		3886 7952 8579 9360 9806 10704
1383		3886 7952 9360 9409 9632

ART. du code.	NUMÉROS DES INSTRUCTIONS.	ARTICLES DU JOURNAL.
1384		9806 10704 3886 4665 7142 7927 8171 9051 9573
1385		3886
1386		3886
1387		4506 8564 9477
1388		
1389		
1390		
1391	290 *n.* 16 1414 § 3	
1392		
1393	1414 § 3	
1394	1414 § 3	1714 1715 7216 8407 8564 8798 9365 9640 10047
1395	1414 § 3	1715 5043 6081 6458 8564 9059 9640 10047
1396		1715 3899 4300 6212 7597 9088 9463 9474 10047 10667
1397		1715 3899 4300 6212 7431 7597 8049 9463 9474 10047
1398		4135
1399		9365
1400		1804 1990 4596 6566 9653
1401		1804 1990 2324 4596 5054 5393 5394 6168 6566 7418 8484 9727 9902 10302 10309 10965

ART. du code.	NUMÉROS DES INSTRUCTIONS.	ARTICLES DU JOURNAL.
1402		2324
1403	1210 § 13 1446 § 10	1800 1804 6566 6904 8076 10717
1404		1804 2324 6566
1405		1804 2324 5713 5721 5729 6566 6764 10321
1406		1800 1804 1990 3065 6566
1407	1414 § 3	1800 6566 7613 8459 9477 10440 10738
1408	1446 § 4 1490 § 7	1719 1800 1804 2324 5983 6566 7299 8234 8341 8628 8655 9419 9663 9823 10560 10738 10802 10895 10996 11175 11205
1409		11205
1410		
1411		
1412		10302
1413		
1414		1804 6566
1415		
1416		
1417		
1418		
1419		
1420		
1421		2375 2388 3854 6168 7179 8294 9059 10302 10390 11163

ART. du code.	NUMÉROS DES INSTRUCTIONS.	ARTICLES DU JOURNAL.
1422		7585 7865 10302
1423		3920 9040
1424		4445 8171 8484
1425		4445 8171
1426		
1427		
1428	(1)	4662 4751 6168 7220 8874 9663 9892 10309 10601 10895
1429		4974 8587 8892 10390
1430		3945 4974 7585
1431	1384 § 1 et 2	3895 4799 8221 9135 9163 9237 9639 9892 10915
1132	1384 § 1	9216 9892
1433	392 1490 § 12	1800 1804 6566 7220 10244 10488 10601
1434	392	1725 2895 7613 7691 9024
1435	392 1446 § 4	1725 2895 7613 7691 9024 10738
1436	392 1446 n. 4 1347 § 5 1490 § 12	2895 7766 9757
1437	1347 § 5	1800 6566 8628 10244
1438		1800 6566 7009 7905 8340
1439		10170
1440	1333 § 1	

(1) Voir la Circ. de M. le Directeur général, du 21 mai 1826.

ART. du code.	NUMÉROS DES INSTRUCTIONS.	ARTICLES DU JOURNAL.
1441		4171 4445 5790 9059 10302
1442		3004 4171 5790 10965
1443		9059
1444		11006
1445		8529 8914
1446		
1447		
1448		
1449		6021 8529 8914 11006
1450		11006
1451		2615 8529
1452		1735 2868 5344
1453		4958 11001
1454		9611
1455		9611 11001
1456		1716 2379 9624
1457	373 *n.* 1 996 *n.* 1 1333 § 1	5345
1458		
1459		9624
1460		10379
1461		
1462		
1463		
1464		
1465		
1466		
1467		
1468		
1469		10170

ART. du code.	NUMÉROS DES INSTRUCTIONS.	ARTICLES DU JOURNAL.
1470	1173 *n.* 10 1490 § 12	4596 7514 *bis* 7766 7863 7905 9852 10075
1471	1173 *n.* 10 1401 § 4	1800 6566 7514 *bis* 8906 9028 9040 9852 10075 11005 11128
1472	1146 *n.*4 1173 *n.*10 1347 § 5 1490 § 12	7514 *bis* 7766 9757
1473		1871
1474	809 *n.* 1	4596 6566 7216 11128 11163
1475		2393 2394
1476	1146 *n.* 11 1150 *n.* 8 1236 § 5 1437 § 8 1481 § 8	5790 7392 7556 7934 8614 8660 8687 8799 9870
1477		
1478		
1479		
1480		
1481		8693 9852
1482	1490 § 12	11163
1483		9624 10835 11001 11163
1484		
1485		
1486		
1487		
1488		
1489		
1490		
1491		
1492	1347 § 5	7514 *bis* 10628 10721 10865 11163

ART. du code.	NUMÉROS DES INSTRUCTIONS.	ARTICLES DU JOURNAL.
1493		9134
1494	1490 § 12	9135 11163
1495		
1496		
1497		2324 4268
1498		1810 6566 *bis* 10049
1499		1810 6566 *bis* 10601
1500		1800 1990 6566
1501		
1502		10601
1503		1800 6566 10601
1504		10601
1505	1272 § 3 1437 § 13	1724 4268 9134 10499 10618 10873
1506		1724 4268 9134 10321
1507		1724 4268 6456 8425 9134 10242
1508		1724 9134
1509	1272 § 3	1724 6851 7860 9134 10242 10499 11053
1510		
1511		
1512		
1513		
1514	1256 § 4	1800 6566 8791
1515	451 1256 § 4 1272 § 3 et 4	1735 2082 2625 7197 8791 9040
1516	451 1205 § 17 1256 § 4	2082 2625 6861 7197 8163 8780 8791 9040
1517	451	2625 7197
1518		7322 7589

5

ART. du code.	NUMÉROS DES INSTRUCTIONS.	ARTICLES DU JOURNAL
1519		
1520	1256 § 4	1817 4597 6841 8556 8791
1521		1817
1522	1256 § 4	1817
1523	1272 § 4	1817 9195
1524		1817 8556
1525	451 1113 n. 1 1456 n. 6 1205 §17 1256 § 4 1272 § 3 et 4 1381 § 3 1401 § 4	1817 2049 2082 2625 6861 7197 7605 7637 8233 8425 8556 8577 8780 8791 9040 9195 9439 9606 10011 10242 10318 11053 11113
1526	1422 § 7	10499
1527		
1528		
1529		
1530	1263 § 3	4751
1531		4662 4751
1532		
1533		
1534		
1535		
1536		4662 4751
1537		
1538		
1539		5225 7882 9365
1540		1810 6566 bis
1541	481	1810 6566 bis
1542		1810 6566 bis
1543		
1544	1113 n. 2	

ART. du code.	NUMÉROS DES INSTRUCTIONS.	ARTICLES DU JOURNAL.
1545	1333 § 1 et 2	1810 6566 *bis* 10834
1546		1810
1547		6526
1548	1333 § 1	
1549	1293 § 7	1810 4662 4751 5129 5421
		6401 6566 8294 8914 9375
1550		
1551	481	1810 1957 2277 4643 6429
		6566 *bis* 8909 9375
1552		1743 1810 6407 6566 8909
1553		1810 6566 *bis*
1554	1467 § 3	1810 3837 3914 6566 *bis* 8960
		9362 9375 10251 10252
1555		9362 10251
1556		10251 10708
1557	1205 § 4	4643 6401 8320 8564 10251
		10457
1558		4643 5228
1559		1810 6566 *bis* 10457
1560	1467 § 3	1810 6566 *bis* 8690 9362
		10252
1561		
1562		
1563		
1564		
1565		
1566		
1567		

ART. du code.	NUMÉROS DES INSTRUCTIONS.	ARTICLES DU JOURNAL.
1568		
1569		
1570		9852
1571		9014
1572		
1573		
1574		1810 6566 *bis*
1575		
1576	1293 § 7	1810 4662 4751 5129 6566 *bis*
1577		1810 4751 6566 *bis*
1578		1810 6566 *bis*
1579		1810 6566 *bis*
1580		
1581		1810 6566 *bis* 9894
1582	386 *n.* 10 1256 § 5 1381 § 2	2353 3538 5863 6574 7286 8036 8119 9054 9124 10006 10066
1583	566 1303 § 13 1446 § 11	2052 2058 2060 2090 2144 2230 3163 3653 4515 4764 5225 5863 6185 6732 6965 7228 7684 7961 8060 8119 8555 8908 9142 9403 10133 10182 10441 10820
1584	672	4764
1585	1415	
1586	1415	
1587		
1588		
1589		1755 2160 3776 4606 4764 5178 6392 6965 7300 7961

ART. du code.	NUMÉROS DES INSTRUCTIONS.	ARTICLES DU JOURNAL.
		8545 8908 8992 9225 9879 10257 10444 10997
1590		1755 4898 5094
1591	566	1755 8545
1592	566	1755 3908 8451 9218 10182 10792
1593		3259 8913 9009 9025 9382 9919 10196 10580 10856
1594		
1595	392 656 1490 § 12	7694 7833 9192 10447 10721 10846 10865 10895 11163
1596	635	7910
1597		
1598		
1599	1384 § 1	4371 5704 8401 8455 8913 8941 9663 9665
1600		7005 8401 9640 9663 10299
1601		
1602		
1603	1381 § 8	9403 10008
1604		1823
1605		1823 8599
1606	1388 § 3	
1607		
1608		
1609		
1610		1823
1611		

ART. du code.	NUMÉROS. DES INSTRUCTIONS.	ARTICLES DU JOURNAL.	
1612		1823	
1613		1823	
1614			
1615			
1616			
1617	14150	1823 8212 10627 10867	
1618		1823 8212	
1619		1823 8212 10627	
1620		8212	
1621			
1622		1823 4392 5504 10627	
1623			
1624			
1625		8438	
1626	1381 § 8	3890 5282 9866 10008	
1627	1272 § 2		
1628			
1629			
1630		9163	
1631			
1632			
1633			
1634			
1635			
1636			
1637			
1638			
1639			
1640			
1641			

ART. du code.	NUMÉROS DES INSTRUCTIONS.	ARTICLES DU JOURNAL.
1642		
1643		
1644		
1645		
1646		
1647		
1648		
1649		
1650		
1651		
1652		10577
1653		8170 11284
1654		8605 8890 9296
1655		8890
1656		5016 6196 6333 6579
1657		
1658		1854
1659		5962 6268 9225 11165
1660	1320 § 8	1771 1874 5453 6350 7889 9636
1661	1320 § 8	1771 3443 9558 9636
1662		1771
1663		1711
1664		
1665		11165
1666		
1667		1771
1668		1771
1669		1771
1670		1771

ART. du code.	NUMÉROS DES INSTRUCTIONS.	ARTICLES DU JOURNAL.
1671		1771
1672		1771
1673		6365 7517 8892 9406 9558 10942 11165 11252
1674		1854 8992 9675 9768
1675		
1676		8992
1677		
1678		10806
1679		10806
1680		10806
1681	1146 *n.* 10 1347 § 4	3766 7087 9768 10806
1682	1347 § 4	
1683		
1684		
1685	1146 *n.* 10	
1686	1150 *n.* 8 1236 § 5 1354 § 2	
1687	1150 *n.* 8 1236 § 5	
1688	1150 *n.* 8 1236 § 5	6568
1689		3163 4082 5425 8971
1690		5425 7190 7404 7682 9423 9726 10119
1691		5425
1692		4082
1693		9866
1694		9866
1695		
1696		

ART. du code.	NUMÉROS DES INSTRUCTIONS.	ARTICLES DU JOURNAL.
1697		
1698		
1699		
1700		1764
1701		1764
1702		8229 8787
1703		
1704		
1705		1793 5102
1706	245 *n.* 2	1793
1707		1793 7911 8890
1708		8607
1709	1263 § 6 1458 § 2	4742 6494 8607 8903 9116 9283 11258
1710		3889 9772
1711		6642 9772 10159 11217
1712		
1713		3304 3992 4908
1714	1490 § 2	11119
1715	1490 § 2	11119
1716	1490 § 2	11119
1717		
1718		4974 8587 8892
1719		4603 8607
1720		4603
1721		4603
1722		4603 9013
1723		
1724		1788 4603
1725		
1726		
1727		

ART. du code.	NUMÉROS DES INSTRUCTIONS.	ARTICLES DU JOURNAL.
1728		7940
1729		4741
1730		
1731		
1732		
1733		
1734		
1735		
1736		3950 4780 7722
1737		5456
1738		2772 3928 7722
1739		
1740		
1741		3598 4741 5117 7931
1742		9422
1743		1868 2030 8035 9602
1744		9602
1745		
1746		9602
1747		
1748		
1749		1822
1750		
1751		
1722		
1753		2335
1754		
1755		
1756		
1757		
1758		

ART. du code.	NUMÉROS DES INSTRUCTIONS.	ARTICLES DU JOURNAL.
1759		4780
1760		
1761		
1762		
1763		
1764		6688
1765		
1766		7958
1767		7958
1768		
1769		4257
1770		1822 3992
1771		1822
1772		1822
1773		1822
1774	1263 § 6	1774 2551 3950
1775		3950
1776		2772 3928
1777		
1778		
1779		1794 8007 9772
1780		3889 10159
1781		
1782		
1783		
1784		
1785		6632
1786		
1787		1794 9490 9893
1788		
1789		
1790		
1791		

ART. du code.	NUMÉROS DES INSTRUCTIONS.	ARTICLES DU JOURNAL.
1792		
1793		
1794		
1795		7657 9422
1796		
1797		
1798		
1799		
1800		
1801		6251
1802		
1803		
1804		
1805		
1806		4554
1807		
1808		
1809	390 *n.* 10	
1810		
1811		
1812		
1813		
1814		
1815	1132 *n.* 6	
1816		
1817		
1818		
1819		
1820		
1821		9222
1822		10257
1823		
1824		

ART. du code.	NUMÉROS DES INSTRUCTIONS.	ARTICLES DU JOURNAL.
1825		
1826		
1827	1236 § 5	
1828		
1829		
1830		
1831		
1832	1293 § 6	6430 7401 8235 8933 11062
1833		6430 8933 11062
1834		5790
1835		
1836		9134
1837		9134 10809
1838		9134
1839		
1840		
1841	1150 n. 8 1236 § 5	7773 8904 9196 10844
1842		
1843		
1844		
1845	290 n. 9 1293 § 6	1811
1846	290 n. 9	1811
1847		
1848		
1849		
1850		
1851		
1852		
1853		
1854		
1855		

ART. du code.	NUMÉROS DES INSTRUCTIONS.	ARTICLES DU JOURNAL.
1856		
1857		
1858		
1859		5704 10858
1860		5704
1861		1784
1862		5756
1863		5756
1864		
1865		
1866		
1867		
1868	1236 § 5 1293 § 6	
1869		9553
1870		
1871		
1872	1150 n. 8 1229 §12 1236 § 5 1293 § 6	7773 8543 8614 8687 8693 8904 9419 9782 9891 10618 10844
1873		
1874		1763
1875		1763
1876		1763 9388
1877		1763
1878		
1879		
1880		
1881		
1882		
1883		
1884		
1885		
1886		

ART. du code.	NUMÉROS DES INSTRUCTIONS.	ARTICLES DU JOURNAL.
1887		
1888		
1889		
1890		
1891		
1892		1763
1893		1763 4815 9255
1894		9255
1895		
1896		
1897		4815 9255
1898		
1899		
1900		2402
1901		2402 7403
1902		
1903		
1904		
1905		5045
1906		
1907	290 n. 76	
1908		1791 2224 11218
1909	1027	1843 6024 7403 8711 9151 10042
1910	1303 § 5	6024
1911		10042
1912	394 1027	2944 5016 5712 6024 6196 6253 6333 6377 6479 6579 7757 8800
1913		8800
1914		
1915		10049 10452

ART. du code.	NUMÉROS DES INSTRUCTIONS.	ARTICLES DU JOURNAL.
1916		
1917		1996
1918		
1919		
1920		
1921		1941
1922		
1923		
1924		10056
1925		
1926		
1927		6331
1928		1996
1929		
1930		
1931		1941
1932		5422 10452
1933		
1934		
1935		
1936		
1937		
1938		
1939		
1940		
1941		
1942		
1943		
1944		
1945		
1946		
1947		
1948		

ART. du code.	NUMÉROS DES INSTRUCTIONS.	ARTICLES DU JOURNAL.
1949		
1950		
1951		
1952		
1953		
1954		
1955		
1956		3213 8359
1957		
1958		
1959		3213
1960		9243
1961		9094 10162
1962	1336 § 7	9051 10100
1963		9094
1964		3146 7585 8983 9675 10042
1965		
1966		
1967		
1968		1859 8983 9414 9675
1969		1859 6250
1970		1859
1971		1859
1972		1859 9656
1973	1187 § 7 1256 § 6 1446 § 3	1859 2205 9656 10396 10700
1974		1859 7657
1975		1859 7657 9046
1976	386 n. 21	1859 2702 2963 8983 9147 9329 9675
1977		

(1) Voir la Cire. de M. le Direct. général, du 9 avril

ART. du code.	NUMÉROS DES INSTRUCTIONS.	ARTICLES DU JOURNAL.
1978	1204 § 5	8301 8522
1979		8176 8301 9329 10396
1980		
1981		4879
1982		3270 9384
1983	507	3270 3812
1984		8423 9629 9875 10447
1985		3057 6194 6529 8206 8423
		8744 8899 9629 9875
1986		
1987		2291 4065
1988		2291 8423 8899 9241 10351
1989		8720
1990		
1991		
1992		9209 10229
1993	1320 § 3	5795 6966 9513
1994		11037
1995		
1996	407 1320 § 3 (1)	2982 9513
1997		8720
1998		8423 10621 11220
1999		9382
2000		11217
2001		9629 10840
2002		9239 9382 9629 11037
2003		7288 7456

(1) Voir la Circ. de M le Direct. général, du 17 avril 1809.

ART. du code.	NUMÉROS DES INSTRUCTIONS.	ARTICLES DU JOURNAL.
2004		7456
2005		
2006		
2007		
2008		5097 6557
2009		6557
2010		
2011		1862 7870 8217 9163 9454 10708
2012		
2013		2443 10549
2014		3654
2015		2443 3719 6287 6586 7232 8566 9163 9532 10399 10507 10927
2016		1862 6287 7434
2017		7232
2018		
2019		
2020		
2021	1384 § 2	1806 4011 9163
2022		1806 4011
2023		1806 4011
2024		1806
2025		
2026		
2027		
2028		9237
2029		
2030		
2031		
2032		10915
2033		

ART. du code.	NUMÉROS DES INSTRUCTIONS.	ARTICLES DU JOURNAL.
2034		6586 9076
2035		10915
2036		10062
2037		2447 5229 10772
2038		2447
2039		3178 4126 9076
2040		9041
2041	736	8217
2042		
2043		
2044		9160 9343 9700
2045		8819
2046		
2047		
2048		5278
2049		
2050		
2051		
2052	1370 § 7	5229 9160 9962
2053		
2054		
2055		
2056		
2057		
2058		
2059		2280 8563 10439
2060		2844 5856 5878
2061		
2062		
2063		
2064		
2065		2844
2066		

ART. du code.	NUMÉROS DES INSTRUCTIONS.	ARTICLES DU JOURNAL.
2067		8563
2068		
2069		
2070	303	
2071	1370 § 8	1742 2257 8141 9947
2072	1370 § 8	9947
2073		1742 2257 6804 7775 8253 8675 9235
2074		6804 8253 10001 10523
2075		8141 8253 11237
2076		11237
2077		
2078		7775 9865 11237
2079		8253 11237
2080		
2081		7775
2082		
2083		8253
2084		
2085	1370 § 8	1787 5318 5819 6165 6608 8903 9947 10145 10779
2086		
2087		1787 5318 6608 10779
2088		1787 5318 5453 7806
2089		8903 10779
2090		1787
2091		
2092		2060 4059 5931 7404 9892

ART. du code.	NUMÉROS DES INSTRUCTIONS.	ARTICLES DU JOURNAL.
		10412 10449 10507 10976
2093	1200 § 29	2060 5137 5931 6938 10126 10412 10449 10976
2094		2060 5137 5931 8029 10412
2095		10403
2096		
2097		
2098	350 352 370 375	1790 2317 2853 3291 3793 5239 5261 5625 5716 5968 6464 6476 6487 6653 7542 7719 8974
2099		
2100		
2101	350 352 413 1359	1790 3291 3580 6938
2102	350 352	1923 2335 3294 3580 3619 4657 4948 5716 8315 9235 9435 9603 9794 9909
2103	350 352 413 1347 § 14	3957 3958 4857 5821 6139 6345 7515 *bis* 8371 8426 9750 10114 10403
2104	350 1359	1790
2105	350 1359	3291
2106	350	2058 2060 3227 3949 4889 5821 8371 8522
2107		1790 8326
2108	374 524 1150 *n.* 8	1857 1869 1976 2026 2058

ART. du code.	NUMÉROS DES INSTRUCTIONS.	ARTICLES DU JOURNAL.
	(1) 1463 § 2	2060 2129 2299 2374 2597 2776 2799 3227 3649 3949 3958 4083 4275 4492 4590 4889 5821 6213 6323 6759 6837 7098 7515 *bis* 7777 7839 8371 8426 8522 8985 9845 10723 10984 11068
2109	1150 *n.* 8 (2)	2374 3227 3756 3771 7515 *bis* 8614 9750 9845
2110		9501
2111	1410 § 6	5669 10369
2112	1467 § 3	8253 10984
2113	350 352	3227 3763 3949 5931 7719
2114	198 1166 *n.* 17 1425 § 12	2058 2060 4514 5137 6130 6328 6500 6569 8060 8426 9188 9229 10952 11095 11190
2115		2058 8060 10126
2116		2060
2117		7964 8423 9044
2118	198 1132 *n.* 10 1166 *n.* 17 1173 *n.* 13 1187 § 5 1229 § 1 1249 § 9 1320 § 9 1347 § 1	3267 5399 5495 5580 5658 5778 5818 5952 6059 6338 6382 6500 6684 6958 7036 7499 8211 8398 8507 8787 8953 9044 9174 9194 9569

(1) (2) Voir la Circ. de M. le Direct. gén., du 24 février 1807.

ART. du code.	NUMÉROS DES INSTRUCTIONS.	ARTICLES DU JOURNAL.
		9649 9674 9746 10074 10126 10438 10582 10689 10819
2119	1272 § 3	5741 8607 9041 9174
2120		8243
2121	276 *n.* 2 316 *n.* 1 350 352 370	2853 3333 4767 4776 5279 5697 6281 7367 7406 7494 7542 7875 8139 8271 8604 8627
2122		6569
2123	436 *n.* 43 573 576 1156 *n.* 14 (1)	1770 2060 2235 2374 2556 2696 4411 4583 4880 5147 5451 5278 5370 5371 6155 6569 7445 7566 7575 7616 7719 7964 8029 8266 8336 9229 9662
2124		6661 8628 9229
2125	1150 *n.* 8	7773 8041 8543 9674 10764 10780 10912 11158
2126		
2127	(2)	1930 2060 2135 2374 5278 6529 10864 11168
2128	436 *n.* 43 (3)	2135 2374 5147 5451 5278

(1) (2) (3) Voy. Circ. de M. le Direct. gén. du 24 février 1807.

ART. du code.	NUMÉROS DES INSTRUCTIONS.	ARTICLES DU JOURNAL.
		6873 7575 10054
2129		2060 3133 4522 5707 6500 6529 6569 8401 8614 9372 10786
2130		8401 8614 8702 10786
2131		6253 6873 10896 10905
2132	1150 *n.* 14	1713 6097 8305 10644
2133		6097
2134	276 *n.* 2 350	2058 2060 2090 3058 4767 4880 5805 5931 6281 6569 6741 8060 8214 8516 8522 8604 8614 10396 10909 10915 11284
2135	374	2799 3058 3802 4035 4767 4880 5279 5805 5931 6281 7367 7406 7494 7828 7875 8060 8271 8314 8371 8604 8627 8854 9316 9486 10601 10673 10915 11006 11022
2136	374	2799 7406 7828
2137		7406 8326
2138		2544 7406
2139		4317
2140		
2141		7406
2142		7406

ART. du code.	NUMÉROS DES INSTRUCTIONS.	ARTICLES DU JOURNAL.
2143	265	7406 7432
2144		3211 3895 11006
2145	265	3895 7432 11006
2146		3058 3239 5889 5931 7883 8314 8371 9816 9825 10853
2147	255 276 *n.* 1	
2148	274 *n.* 1 316 *n.* 5 344 350 370 393 394 426 *n.* 1 433 *n.* 1 573 868 1146 *n.* 14 1150 *n.* 14 1303 § 23 1437 § 46 1453	2026 2697 2759 2944 3015 3114 3133 3163 3211 3308 3541 3602 3931 4052 4221 4275 4317 4343 4482 4522 4565 4767 4828 4880 4881 5130 5192 5279 5308 5525 5562 5587 5605 5707 5814 6097 6155 6222 6491 6500 6569 6708 6741 6813 7019 7098 7360 7400 7431 7526 7694 7917 8029 8089 8253 8262 8263 8305 8336 8353 8423 8546 8621 8750 8795 8975 9165 9183 9372 9410 9521 10037 10396 10553 10643 10644 10684 10723 11013 11142 11468 11284
2149		4224
2150	94 1433	3133 3602 3942 5377 5743 8621 8975

ART. du code.	NUMÉROS DES INSTRUCTIONS.	ARTICLES DU JOURNAL.
2151	1146 n.14 (1) 1282 § 2	2136 3530 3577 4828 5524 5821 6139 7936 8711 9075
2152	393	11284
2153	316 n. 1 1453	1713 2088 3114 4776 5279 8305 9183
2154	316 n. 5 374 418 433 n. 1 445 625 649 1453	2058 2207 2776 2799 3779 4052 4559 4724 4818 5146 5814 6213 6603 6973 7089 7728 7828 7883 8030 8041 8193 8214 8516 8522 8699 8943 9252 9443 9825 10248 10909
2155	316 n. 1 1189 § 12 1463 § 1	1869 2026 2088 3227 4059 4776 6040 7109 8596 9183 10213
2156	393	5308 10962 11284
2157	264 573 576 649 1159 n. 2	1833 1871 1998 2214 2427 2609 2723 2980 3341 3366 4739 4751 5147 5151 5472 5448 6323 6813 6901 7078 7432 7777 7902 8041 8170 8253 8344 8985 9825 9994 10447 10758 10887
2158	649 1159 n. 2	2609 2723 3045 3531 3602 3982 4739 5147 5151 6901 7777 8170 8344 8433 9875

(1) Voir la Circ. de M. le Dir. gén., du 29 vendémiaire an 14.

ART. du code.	NUMÉROS DES INSTRUCTIONS.	ARTICLES DU JOURNAL.
		11015 11065 11123
2159	573 576	7813
2160	362 1159 *n*. 2	2609 10887 11158
2161		
2162		6500
2163		9881
2164		
2165	—	2681 6500
2166	(1)1229 § 10 1249 § 9	2052 2058 2060 3058 6089 7481 7728 8029 8060 8214 8794 9252 9486 9705 10659 10909
2167	1293 §9 1347 § 13	2060 3058 3735 7563 8214 9705 9793 9856 10659
2168	1293 § 9 1303 § 4 1347 § 13	4342 8214 9793 9856
2169	439 1303 § 4	5409 5864 6697 8214 9486 9705
2170		
2171		
2172	1210 § 12	1795 8321 8686
2173		1795 9431 9856
2174	1303 § 4	1795 7563
2175		
2176		
2177	1303 § 4	8516 8699 9252
2178	1293 § 9	7563
2179	1307 § 5	

(1) Voir la Circ. de M. le Direct. gén., du 24 février 1807.

ART. du code.	NUMÉROS DES INSTRUCTIONS.	ARTICLES DU JOURNAL.			
2180		2090 3227 5146 6323 6500 6837 7728 8214 8243 8433 8522 8605 8854 8985 9252 9486			
2181	255 433 *n*. 2 1173 *n*. 13 1210 § 16 1263 § 1 1422 § 12 1490 § 12	1857 1888 2026 2052 2060 2090 3058 3642 3995 4533 4724 4889 5335 5495 5580 5778 5953 6059 6159 6213 7036 8585 8758 8994 9096 9282 9548 10532 11163			
2182	372 (1)	1857 2026 2052 2058 2060 2090 2400 4724 5146 6215 8214 9403 10151			
2183	255 350 442 547 655 736 1200 § 2 1263 § 1 1381 § 3 1425 § 12 1458 § 1	1952 2058 2374 2717 2971 3070 3858 3861 4724 4889 4910 5707 6213 6500 7251 7542 8699 9141 9142 9403 10059 10819 10853 11102			
2184	736 1381 § 3	1952 2374 2971 3070 4724 4910 8699 10059 10819 10960 11102			
2185	2256 § 2 1303 § 4	1952 2517 2717 3376 3517 3735 3858 4724 7251 7563 8600 8639 8699 9083 9142 9403 10819 10856 11284			

(1) Voir la Circ. de M. le Direct. général, du 24 février 1807.

ART. du code.	NUMÉROS DES INSTRUCTIONS.	ARTICLES DU JOURNAL.
2186	736	1952 2374 4724 9142
2187		4724 7242 9142 9403
2188		7563 10856
2189	736	2517 4293
2190	1347 § 3	1952 3517 8600 9142 10059
2191		
2192		
2193	255 413 585	2621 4724 6500 7367 7406 7494 8411 8604 9282 9371 9486 10673
2194	255 266 585 598 1233 1481 § 4	1814 2621 3512 4208 4724 5805 7140 7367 7406 7494 8326 8361 8411 8604 8762 8854 9282 9371 9486 10018 10076 10487 10673
2195	255 585	2621 4208 5805 7367 7494 8326 8604 8854
2196	547 649 655 1046 1173 n. 14 1278 1303 § 23	2147 6404 7515 8070 9085 9282 9420 9995 11140 11158
2197	547 649 655	4482 5430 5377 5743 6089 6404 7019 7828 8041 8262 8433 8943 8948 9085 9805 10126
2198		2060 2400 3654 3735 3966

ART. du code.	NUMÉROS DES INSTRUCTIONS.	ARTICLES DU JOURNAL.
		4889 8002 8170 8326 8423 9486
2199	385 1121 1229 § 12 1282 § 1	2974 3070 4828 7917 8206 8253 8433 8799 8985 9474 9290 11130
2200	276 n. 1 316 n. 9 344 350 494 (1) 1303 § 24 1487	1975 2077 2610 2697 2759 2768 3943 4483 7020 8884 9210 9348 9410 9805 10218
2201	276 n. 1 316 n. 9 et 10 370 n. 10 625 758 n. 6 (2) 1433	3943 10901
2202	1433	5716 10901
2203	1318 § 14	4483 10621
2204	606 n. 7 1150 § 8	6382 6958
2205	1150 n. 8	5796 6568
2206	302 n. 7	
2207		9093
2208		
2209		
2210	411 n. 1	
2211		
2212	300 n. 7	1958
2213		
2214		5425
2215	263	
2216		
2217		
2218		
2219		1918 9648

(1) Voir la Circ. de M. le Direct. gén., du 21 décembre 1807.
(2)   idem   du 14 février 1807.

ART. du code.	NUMÉROS DES INSTRUCTIONS.	ARTICLES DU JOURNAL.
2220	509	1918 8947
2221		4165 7161
2222		1918
2223		
2224		
2225		9093
2226		9945
2227	350	1922 1948 3151 3667 4200 5133 8622 10106 10398
2228		8622 8855 9648 9658
2229		8115 8329 8345 9093 10614
2230		7822 8115
2231		7768 7822 10954
2232		7768 8329
2233		8329 8345 10614
2234		8918 10614 11058
2235		
2236	1347 § 1	7768 7822 8622 10954
2237		8918
2238		
2239		
2240		7971 10741 10954
2241		
2242		
2243		
2244	424 n. 2 1451 § 10 1467 § 13	3031 3667 6160 7180 8737 9049 10916 11247 11277
2245		

ART. du code.	NUMÉROS DES INSTRUCTIONS.	ARTICLES DU JOURNAL.
2246		7949
2247	1451 § 10	10219 10814 11277
2248		4165 8947 9039
2249		3723
2250		
2251		9086
2252		3260
2253		
2354		
2255		
2256		
2257	1437 § 5 1451 § 3	3737 5744 7015 8127 10801 11105 11277
2258		
2259		
2260		1929 4978 5146 7505 10098
2261		1929 5146 5585 9078 9698
2262	1180 *n.* 10 1249 § 13 1275 1426 1446 § 7 1481 § 14	2242 2254 2739 3088 3264 3354 3667 4200 4551 4559 4586 4605 4701 4787 5310 5816 6531 7006 7310 7407 8265 8605 8622 8976 9078 9086 9243 9648 9979 10398 10548 10614 10699 11058 11081 11247
2263		1948 2349 3347 10952
2264		
2265		7161 8173 8243 8622 8855

7

ART. du code.	NUMÉROS DES INSTRUCTIONS.	ARTICLES DU JOURNAL.
		8996 9093 9648 9658 9698 10398
2266		
2267		
2268		9093 9698
2269		
2270		
2271		
2272		7769
2273	290 *n.* 35 386 *n.* 10	
2274	290 *n.* 35	
2275		4431
2276		4559
2277	(1)	1804 1835 2038 2136 2254 2255 2467 2739 3192 3282 3470 3667 3828 4121 4128 4157 4165 4388 4421 4472 4516 4745 4780 5542 6139 7056 7180 9084
2278		4780
2279	1272 § 3 4388 § 3	6895 7971 8123 9613 10863
2280		
2281		2467 3125 3151 3446 4388 4421 4472 4516 5542 7768 8265 8855 9093 9301 9698 10513 10744

(1) Voir la Circ. de M. le Direct. général. du 24 février 1807.

CODE DE PROCÉDURE.

Dispositions Générales citées sans Désignation spéciale d'articles.

LIVRES.	TITRES.	NUMÉROS DES INSTRUCTIONS.	ARTICLES DU JOURNAL.

1.re Partie.

LIVRES.	TITRES.	NUMÉROS	ARTICLES
1	9		10078
2	8		2802
	6		4043
	3		1412
	14		2548 2648 3083
	21		10078
	22		3154
3	unique		2427
5	7	339	2634 2669
	9		6668
	12		2761 3077
	13		8849
	14		2723 5335
	16	335 398 482	

2.me Partie.

LIVRES.	TITRES.	NUMÉROS	ARTICLES
2	6		4663

CODE DE PROCÉDURE.

ART. du code.	NUMÉROS DES INSTRUCTIONS.	ARTICLES DU JOURNAL.
1		
2		
3		
4	436 *n.* 1 et 78	3008
5		
6	436 *n.* 2	4700 10258
7	436 *n.* 3 1132 *n.* 4 1236 § 9	5737 6738 7017 8928 9545
8		
9	436 *n.* 4	10328
10	408 *n.* 1 et 14	2410 9086 10099
11		
12	408 *n.* 1 et 14	
13		
14		
15		
16		
17		
18	373 *n.* 2 405 *n.* 7 996 *n.* 1 1074 1077	2595 2729 2925 2938 5592 6038 7574 7878
19		
20		
21		
22		
23		7298
24		
25		
26		
27		
28	436 *n.* 5	2729 3596
29	436 *n.* 5	

ART. du code.	NUMÉROS DES INSTRUCTIONS.	ARTICLES DU JOURNAL.
30		
31	436 *n.* 6	2729
32		
33		
34		
35		
36		
37		
38		3397
39	436 *n.* 7	2452 3007
40	436 *n.* 7	2452 3007
41		2672
42	436 *n.* 7	2672
43	436 *n.* 7	2672
44		2469
45	436 *n.* 8	2469
46	436 *n.* 8	2469
47	436 *n.* 8	2469
48	1210 § 5	
49	1057 1252	9401 11051
50		
51		
52		
53		3079
54	436 *n.* 9 1210 § 5	2462 2531 4200 4347 4373 5592 8656
55		
56	408 *n.* 2 1416	2410 2992 3079 6989 7039 9471 9741 10293 10514
57	1210 § 5	8656
58	373 *n.* 2890 *n.* 9 408 *n.* 2 436 *n.* 10 1416	2468 2925 5592 6038 7039 10293

ART. du code.	NUMÉROS DES INSTRUCTIONS.	ARTICLES DU JOURNAL.
59	1180 *n.* 12	2805 3522 7643
60		
61	436 *n.* 11 606 *n.* 10 1347 § 16	2512 2527 2775 3074 3089 3461 3701 3859 4279 4480 4755 5396 5850 5971 5996 6123 6702 7306 7433 7814 8185 9826
62	1347 § 16	
63		3524 4700 8204 10258
64		
65	390 *n.* 9 408 *n.* 2	2933 6080
66		
67	408 *n.* 3	2440 2527 2530 4344 4479 5050 5051 6463 7174 7674 8419 9086 10338 10339 10978
68	436 *n.* 78 606 *n.* 10 1467 § 11	2422 2527 3029 4682 5396 7174 7530 9034 9292 10093 10829
69	436 *n.* 78 1180 *n.* 13 1459	2440 2422 2793 3089 5593 6363 9067 9401 10093 10249 10962 10985
70		5396 5593 9034 10219 10829
71		
72		3464 7814 10815
73	542	
74		
75	386 *n.* 31	2512 7525 10130
76		2512 10130
77		10285

ART. du code.	NUMÉROS DES INSTRUCTIONS.	ARTICLES DU JOURNAL.
78		
79	335 347 398	2501
80		2501
81		2527
82		
83	1029 1166 *n.* 20 1459	7612 8071 8203
84		
85		
86		8203
87		
88		
89		
90		
91	408 *n.* 4 et 14	2410 9086
92		
93	1347 §16 1381 §12	2514 5748 7246 9826 10143
94	436 *n.* 12	2514 2997
95		2514
96	436 *n.* 13	2514 3006
97	436 § 13	2514 3006
98		
99		
100		
101		
102	436 § 13	2514 3006
103		
104	1387	7620
105		
106	373 § 3 436 § 14	2514
107	436 § 15	2514 2671 3081 6223
108	373 § 3 996 1387	2514 3375

ART. du code.	NUMÉROS DES INSTRUCTIONS.	ARTICLES DU JOURNAL.
109		2514
110		
111	1381 § 12	2988 5748 6223 7762 10143
112	1293 §14 1336 §15 1381 §13 1490 §13	6223 9646 10437
113	606 § 10	4043 4248
114		2514
115	373 § 3 436 § 16	2514
116		6223 7519
117		
118		
119		
120		2522
121		2522 4049 6223
122		2524
123		
124		
125		4583
126		2520
127		
128		
129		2719
130		3606 5527 7787 10265
131		3606 7787
132		
133		7308
134		
135		
136		
137		
138	373 § 2 405 §7 996 1074 1077	2653 2938 3397 4802 5022 7574 7878 8970 9492 10968

ART. du code.	NUMÉROS DES INSTRUCTIONS.	ARTICLES DU JOURNAL.
139	1077	2653 7574
140	1077	2653 3523 7574
141	1236 §14 1370 §12 1381 § 14 1414 § 3 1425 § 12 1473 § 8 1481 § 10 20 et 21	3028 3342 3397 4802 8115 8818 9492 9955 10025 10441 10954 11117 11121 11137 11271
142	369 397 405 §7 533	2925 2938 3897 7878
143	533	
144	369 533	3036 4862 9492
145	533	3036 4862 7878
146		3342 3397 4802 10483
147	393	2427 2534 4583 5670 6364 9408 9516 9544
148		5308
149	368	
150	368	2592
151		
152		2718
153		
154		2592
155	1150 § 14	4583 7085 7964 10444
156		2717 5080 5308 7352 7772 7917 8205 9796 9918 10107 10962
157	1146 § 18	7913 10730
158	606 § 10	2980 4190 4248 7214 7917 9796 10730
159	606 § 10	2427 2534 2980 4583 7085 8205 10962
160		10730
161		
162		2727 9826

ART. du code.	NUMÉROS DES INSTRUCTIONS.	ARTICLES DU JOURNAL.
163	136 § 4 373 § 4 398 996	2376 9951
164	436 § 17	2376 3081 7620
165		
166		2725
167	736	2725
168		
169		
170	1252	
171		
172		5004
173	1180 § 12	5219 6146 8071
174		
175		2736
176		
177		
178		
179		
180		
181		
182		
183		
184		
185		
186		
187		
188		10285
189	436 § 18	2581 2987 3400
190		
191		10144
192		
193		2741
194		2741

ART. du code.	NUMÉROS DES INSTRUCTIONS.	ARTICLES DU JOURNAL.
195		2741 5971
196	436 § 19	2581
197		
198		
199		6754
200		6754
201		6754
202		
203		2951 9067
204		
205	436 § 19	
206		
207		
208	436 § 20	
209	436 § 20	3475 4624 6540
210		
211		
212		
213	408 § 5 et 14	2410 8327 9361 9741
214		6034
215		
216		
217		
218	436 § 21	2800 6034
219		2800
220		
221		
222		
223		
224		
225		2581
226	436 § 22	
227		

ART. du code.	NUMÉROS DES INSTRUCTIONS.	ARTICLES DU JOURNAL.
228		
229		
230		
231		
232		
233		
234		
235		
236		
237		
238		
239		
240		
241	408 § 6	2410
242	408 § 6	2410
243	408 § 6	2410
244	408 § 6	2410
245		2905
246	408 § 6 et 14	2410
247	408 § 6 et 14	2410
248		2410
249		
250		
251		
252		11010
253		
254		
255	1229 § 13	8817
256		10483
257		10077
258		
259		6457 10077
260	1229 § 13	8817

ART. du code.	NUMÉROS DES INSTRUCTIONS.	ARTICLES DU JOURNAL.	
261			
262			
263	408 § 7 et 14	2410	2871
264	408 § 7 et 14	2410	
265		2410	
266		7088	
267			
268			
269			
270			
271			
272			
273			
274		2410	
275	1180 § 7		
276	408 § 7 et 14	2410	9086
277			
278	1180 § 7		
279	1180 § 7		
280	1180 § 7		
281			
282			
283		7256	
284			
285		9292	
286	398	8650	
287			
288			
289			
290			
291			
292			
293			

ART. du code.	NUMÉROS DES INSTRUCTIONS.	ARTICLES DU JOURNAL.
294		
295		
296		
297		
298		
299		
300		
301	398	
302		
303	436 § 23	3083 3640 7522 7554
304	436 § 24	2683 8054
305	436 § 25	2599 2627 4049 8054 9664
306	436 § 26	
307		
308		4723 7256 7456
309		4723 7256
310		5746 7256 7456
311		4723
312		
313		
314		
315	436 § 27	2510 7554 9664
316		4723
317		3480 5722 8680 9664
318		7554
319	436 § 28	2679 3480 5648 5722 6540 9742
320		
321		
322	1410 § 46	5210 7552
323	1370 § 4	9977
324		6404

ART. du code.	NUMÉROS DES INSTRUCTIONS.	ARTICLES DU JOURNAL.
325	436 § 29	
326	436 § 29	4049
327	436 § 29	
328		
329	436 §29	
330		
331		
332		
333		
334		
335		
336		
337	1370 § 11	9939
338		
339		
340		
341		
342		
343		
344		
345		10948
346		
347	398	4625 5181
348		
349		4625 5181
350		
351		
352		9241
353	436 § 30	3022
354		
355		
356		
357		

ART. du code.	NUMÉROS DES INSTRUCTIONS.	ARTICLES DU JOURNAL.
358		
359		
360		
361		
362		
363		10107
364		
365		
366		
367		
368		5746
369		
370	436 § 31	
371		
372		
373		
374	408 § 8 et 14	
375		
376		
377		
378		10840
379		
380		10840
381		
382		
383		
384	436 § 32	
385		
386	436 § 32	
387		
388		
389		
390	408 § 9 et 14	2410 8548 10078

ART. du code.	NUMÉROS DES INSTRUCTIONS.	ARTICLES DU JOURNAL.
391		
392	436 § 33	
393		
394		
395		
396		
397		4608 7224 7559 10732
398		4608
399		6998 7559
400		
401		3667
402		
403		5668 7101
404	335 398 626	2642 2814 4376
405		
406		
407		
408		
409		
410	436 § 34	
411	436 § 34	
412	436 § 34	
413		
414		4681 6553 7959 10328
415		
416		
417		
418		
419		
420		
421	436 § 35	2716 7959
422		
423		

8

ART. du code.	NUMÉROS DES INSTRUCTIONS.		ARTICLES DU JOURNAL.
424			
425	436 § 36		8765
426			
427			
428			
429	436 § 37		
430			
431	436 § 38	1173 § 12	6193
432			
433	1077		3342 3397 7574
434			
435			
436			7917
437			
438			
439			9987
440			9041
441			
>442			7548
443			2427 2534 4802 7439 9115 10513
444			2427
445			
446			
447			5113 10093
448			
449			
450			4583
451	606 § 10		2350 4130 4144 5873 7079 10687
452			2350 3395 4114 6336 7045 10687
453	606 § 10		2359 4188 6422 6990 7600 9784

ART. du code.	NUMÉROS DES INSTRUCTIONS.	ARTICLES DU JOURNAL.
454		
455		
456		3543 8185 10093 10815
457	1219 § 3 1236 § 4	5602 8756 8887
458		
459		
460		3723
461		
462		3481
463		
464	1219 § 3 1370 § 11	8756 9939
465	1354 § 11	9842
466		
467		
468		
469		
470	1077	3028 7574 9955
471	408 § 10 1381 § 13	2410 2489 3369 3399 5979 8337 8730 10283
472		
473	436 § 39	
474		5152
475		
476		
477		
478		3723
479	408 § 11 et 14	2410 3784 8327
480	606 § 10 1354 § 11	3576 8629 9332
481		
482		
583		
484		
485		

ART. du code.	NUMÉROS DES INSTRUCTIONS.	ARTICLES DU JOURNAL.
486		
487		
488		
489		
490		
491		
492		10002
493		
494	408 § 12 472 (1) 1446 § 15	2410 2561 3392 6073 10002
495	403 § 12 606 § 10	2410 3392 6073
496		
497		
498		
499		3392
500	408 § 12 (2)	2410 6073
501	408 § 12	4830
502		
503		
504		
505		
506		
507		
508		
509		
510		
511		
512	408 *n.* 13	2410
513	408 *n.* 13	2410
514		
515		

(1) (2) Voir la Circ. de M. le Direct. gén. du 2 septemb. 1809.

ART. du code.	NUMÉROS DES INSTRUCTIONS.	ARTICLES DU JOURNAL.				
516	408 *n.* 13	2410	9086			
517	436 § 40	2553	3023	9041		
518	436 § 40	2553	3023	9041		
519	398	2553	9041			
520		2553				
521	398	2553				
522	398	2553				
523						
524						
525						
526						
527		9114				
528						
529						
530						
531						
532	1200 § 10					
533		4074				
534		2564	8397			
535	1132 § 2 1236 § 2	2564	6905	7591	8730	9363
536	1200 § 10	8650				
537	346 436 § 42 1200 §10 1204 § 2 1249 § 8 1307 § 3	2414 8230	3485 8469	3486 8736	3616 8857	5444
538						
539		8650				
540		8650				
541		8629				
542	736					
543	1146 § 20 1347 § 16					
544	1146 § 20 1347 § 16					
555		5528	10483			

ART. du code.	NUMÉROS DES INSTRUCTIONS.	ARTICLES DU JOURNAL.
546	436 § 43	5147 5151 5371
547		
548	316 § 4 393 436 § 44	2376 2427 2534 2723 2871 2980 3081 3569 5308 7620 9994 10444 10962
549	316 § 4 373 § 4 996	2376 2427 2534 2980
550	316 § 4	2376 2427 2534
551		
552		
553	436 § 41	7548
554	436 § 41	
555	436 § 41	
556	436 § 41 606 § 7	5409 7783 7804
557	1097 1146 § 19 1256 § 13 (1)	2563 3930 7196 8051 9067 9464 9662
558	1187 § 10	2563 7196 7407 8051 9067
559	1200 § 27 1256 § 13 1401 § 1	2563 7196 9067
560		
561	339	2634 2669 3508 3733 6833 9067
562		
563	1256 § 13	2668 4796 5996 6123 9067
564	1256 § 13	2668 4796 9067
565		2668 9067
566		9067
567	1256 § 13	3755 4821 6613 7407 7643 9067

(1) Voir la Circulaire de la Comptabilité générale n. 31.

ART. du code.	NUMÉROS DES INSTRUCTIONS.	ARTICLES DU JOURNAL.
568	1256 § 13	2668 7196 9067
569	339	2634 2669 3508 3733 6383
		9067
570		4821 7306 9067
571	436 § 45 1249 §12	4821 5088 9067
572		
573	436 § 45	
574	436 § 45	5088 7306
575		7306
576		7306
577		7196 9067
578	436 § 46	
579		9662
580		5249 9133
581	(1)	3508 7920
582	(2)	7920
583		2793 7534 8051 8907 9741
584	1370 § 14	2793 5150 5273 9959
585		
586		
587		7581 8230
588		
589		
590	736	
591		
592		3821
593		3821
594	436 § 47	3024 3085
595		
596		9051

(1) (2) Voir la Circulaire de la Comptabilité générale n. 81.

ART. du code.	NUMÉROS DES INSTRUCTIONS.	ARTICLES DU JOURNAL.
597		9051 10100
598		6752
599		
600		3615
601	436 § 78	
602		
603		
604		
605		9903
606		9903
607		
608		3615 4948
609		4948 5150
610		
611		5150 9903
612		5150 5273 9903
613		
614		
615		
616		9903
617		2793
618		
619		
620		
621		
622		
623		
624		
625		9080 9989
626		6668 6904 8907 9140 9677 11007
627		
728	436 § 78	

ART. du code.	NUMÉROS DES INSTRUCTIONS.	ARTICLES DU JOURNAL.
629		
630		
631		
632		
633		
634	1458 § 1	10087
635		6668
636		
637		
638		
639		
640		
641		
642		
643		
644		
645		
656		
647		
648		
649		
650		
651		
652		
653		
654		
655		
656	736 1320 § 2	5098 6766 8879 9586 10181
657	736	5098 7734 8493 8879
658	373 § 5436 § 48996	7518 9752 10181
659	373 § 5	7641 10181
660		4457 7641 10181

ART. du code.	NUMÉROS DES INSTRUCTIONS.	ARTICLES DU JOURNAL.
661		10181
662		10181
663		7641 10181
664		7641
665		9336 10181 10912
666		10181
667		
668		
669		
670		10181
671		9336
672		
673	436 § 78 606 § 7	3831
674		10732
675		3005
676	390 § 13 436 § 78 1481 § 14	11081
677	341 373 § 10 443 § 23 494 508 (1)	2600 3253 8724 10732 11107
678	341	4483 6749
679	341 494	3253 4483 6749 8724 10732 11107
680	341 373§6 436§49 443 § 23 508 996 1482	2600 2698 5329 10732 11192
681	341 373 § 10 436 § 78 443 § 23 494 508 996 (2) (3)	3253 3299 10732
682	436 § 50 1482	3781 5329 5409
683	436 § 51 585	2621 3306 4159 4229 5346 9907

(1) (2) Voy. Circ. de M. le Direct. gén. du 14 février 1807.
(3)   idem   du 26 novembre 1808.

ART. du code.	NUMÉROS DES INSTRUCTIONS.	ARTICLES DU JOURNAL.
684	341 373 § 10	3781
685	468	3319 3781 6008 6239 7158 8546 10547
686		
687	436 § 78	7158
688	736	5409 5731 7563
689	1249 § 9	9075
690		
691		
692	341 386 § 35 1263 § 2 1401 § 2 1437 § 14	2420 2930 4150 5731 5844 9162 10330 10353 10616 11107
693	386 § 35 1263 § 2 1437 § 14	2420 2930 5731 5844 9162 10616
694		
695	341 393 443 § 23 547 1381 § 3	3299 5409 5715 8002 8585 10059 10732 11284
696	341 373 § 10 443 § 23 494 (1) (2) 1347 § 3 1381 § 3	3253 3299 10059 10732
697	436 § 52	5644 6030 7242 7272
698		7910
699	1282 § 13	4368 4730 5644 6030 6339 7242 7272 7354 9370 10174 10757 11278
700		4730
701		
702		4730 4947 5409
703		
704		
705		

(1) Voir la Circ. de M. le Direct. gén., du 14 février 1807.
(2)   idem   du 26 novembre 1808.

ART. du code.	NUMÉROS DES INSTRUCTIONS.	ARTICLES DU JOURNAL.
706		
707	386 § 17 539 1210 § 11	2850 3730 3880 4056 4975 5483 6020 7244 7410 7910 8688 9142
708		
709	357 386 § 17 436 § 53 429 § 2 539 644 1210 § 11 1251 § 1 1354 § 1	2332 2850 3110 3527 3730 3880 4056 4504 4975 5302 5483 7051 7410 7910 7913 8688 9809 9858 10224 10349 11167
710	1303 § 4	3732 4834 6649 7181 7219 7827 9764 10856
711		4834 6143 6649 7181 7219 7913
712		4834 6454 7887
713		
714		7272 10757 10968
715	436 § 54 606 § 7	2605 4429 5464 7759 9919
716	606 § 7	
717		3781 5644 6030 10732 11192
718		8849 10427 10732
719		9161
720	341	8724
721		10732
722		
723		
724		
725	341	
726		
727		

ART. du code.	NUMÉROS DES INSTRUCTIONS.	ARTICLES DU JOURNAL.
728		
729		
730		
731	372	2400
732		5409
733		
734		
735		3032
736		3032
737		7759 10340
738	436 § 55	3081 7620
739		
740		5137
741		
742		
743		4429 5731
744	436 § 56 1425 § 2	5137 5731 7759 10577
745		
746		
747		10180
748		
749	436 § 57 1180 § 3	2565 8326 10181 10998
750	1106 § 2	2598 8326 9689 10181 10998
751	373 § 7 436 § 58 996 1106 § 2	2598 7518 9689 9752 10181
752	398 547	2598 3885 5691 6089 8326 8522 8943 9486 9689 10181
753	393	8326 8522 9486 9689 9731 10181 10553
754	436 § 59 620	6445 6945 9689 9731 10181 10553 11123

ART. du code.	NUMÉROS DES INSTRUCTIONS.	ARTICLES DU JOURNAL.
755		2804 5263 5691 9689 10089 10181
756		9731
757		3531 3665 9731
758		5644 5691 6030 10181 10427
759	436 § 60 1160 § 2	2766 3138 3569 4374 5691 5978 6215 6344 6693 7558 9309 9486 10181
760		4131 6375
761		10427
762		10427
763		9516 9544 10553
764		
765		
766		
767		2643 3530 3531 3569 10553
768		
769		3530 8804
770		3531
771	436 § 61 1106 § 2	2766 3569 5610 5691 9336
772		4739 7777 9219 9486
773		4739 7777 9219 11123
774		3569 4739 5308 7052 7777 8326 9219 9309
775		4724 8326 8411 9371 9486 10403 10998
776		2598 9486
777		9486
778		1896 4317 6813 10689 10915

ART. du code.	NUMÉROS DES INSTRUCTIONS.	ARTICLES DU JOURNAL.
779		
780	1136 1168 1299	7748 7849 7867
781	497	3119 3668 10258
782		
783		7849 7867
784		
785		2733
786	497	4018 10258
787	497	4018 10258
788		
789		
790	1483	2803 4633 6632 6717
791	(1) 1294 § 1	
792	373 § 8 1483	2803 4633 6717
793	600 1483	
794		
795		
796		5561
797		
798		
799		
800		2803 5561
801	1483	2803 4633 6717
802		
803		
804		7626
805		
806		
807		3785
808		
809		5682

(1) Voir la Circ. de M. le Direct. général. du 30 avril 1803.

ART. du code.	NUMÉROS DES INSTRUCTIONS.	ARTICLES DU JOURNAL.				
810	1150 § 13	8175				
811	1150 13					
812		10430				
813						
814						
815						
816						
817						
818						
819						
820						
821						
822		10258				
823						
824						
825						
826						
827						
828						
829						
830						
831						
832		2515	3376	3517	7251	8002
		8639	9083			
833		8214				
834	530 547 655 1046	2374	2971	3059	3070	3163
	1146 § 3 (1) 1233	3227	3735	4327	4724	4889
	1249 § 7 1263 § 1	5335	5525	6243	6404	7036
	1458 § 1	7625	7684	8060	8243	8522
		8994	10819	10853	10912	
		11192				

(1) Voir la Circ. de M. le Direct. général, du 24 février 1807.

ART. du code.	NUMÉROS DES INSTRUCTIONS.	ARTICLES DU JOURNAL.
835	1422 § 4	2374 2970 3071 8214
836		12
837		
838		7242 7354 9142
839		2700
840		2700
841	436 § 62	2700 7646 9354 10157 10899
842		2700
843		
844	436 § 63	3135 9154
845		
846		
847		
848		
849		
850		
851		
852		
853	436 § 64	
854	436 § 63	3135
855		
856	1150 § 12	
857		
858		
859	436 § 65	2985 5758
860		6580 7487
861	436 § 66	
862		
863	436 § 66	
864		
865	436 § 67 1422 § 4	7772 10526
866	1261 1293 § 2 1422	8762 8763 9197 9377 9949

9.

ART. du code.	NUMÉROS DES INSTRUCTIONS.	ARTICLES DU JOURNAL.
	§ 4	10526
867	1261 1293 § 2	4155 5926 7541 8762 8763 9197 9377 9394 9904 10945
868		8762 8763
869		9949
870		
871		
872	1089 § 3 1132 § 3 1261 1272 § 1 1293 § 2 1351 art. 28	2840 2866 3277 3643 4155 4454 4947 5484 5926 7446 7541 8762 8763 9049 9066 9377 9904 10176 10945 11006 11191
873		
874		10721
875	436 § 68	
876	436 § 68	
877		
878	436 § 68	
879		
880	1261 1293 § 2	4155 4947 8762 8763 9377 9394
881		
882		
883		9907
884		
885	436 § 69 628 1150 § 12	2974 6315 7065 7631 7843 9616 10968
886	628 1150 § 12	6315 7631 7843 9616 10968
887		
888		

ART. du code.	NUMÉROS DES INSTRUCTIONS.	ARTICLES DU JOURNAL.
889	436 § 70	2975 8066
890	1351 art. 28	
891		
892		
893		
894		
895		
896		
897		2585
898	386 § 18 436 § 71	2882
899		
900		
901		5002 7548
902		3382 5002
903		5002
904		3382
905		3358
906		
907		
908		
909		8804
910		
911		
912		
913		
914	436 § 72	5644 8804
915		
916		
917		
918		
919		
920		
921		

ART. du code.	NUMÉROS DES INSTRUCTIONS.	ARTICLES DU JOURNAL.
922		
923		
924		9897
925	373 § 9 996	2673 8804
926		
927		
928	1104	9897
929		
930		8804
931		3258 3728 4837 5411 8804
932		
933		
934		
935		939 4367
936		3258 3939 4367
937		3994 5384 8804 10144 10601
938		8804
939		8804
940		8804
941		8804
942		8804
943		3450 4367 5373 8804 9624 9692
944		2767 2791 8804
945		
946		4167 6698
947		
948		
949		
950		
951		

ART. du code.	NUMÉROS DES INSTRUCTIONS.	ARTICLES DU JOURNAL.
952		
953		
954		4663
955	436 § 73 1210 § 11	2976 3506 6339 7888 8688
956		5240
957	1210 § 11	3180 3506 5722 8688 9187
		4018
958	400 436 § 73	2689 3455 4034 6339 8688
		9187 9370 10757
959		8546 8688
960	1210 § 11	4942 6095 8546 8688 9187
		10180
961	436 § 78 1370 § 2	4942 5597 6008 6095 6239
		9187 10547
962		4159 9187 9907
963		4942
964		4942 8942
965	1210 § 11	2850 4368 4663 5644 6020
		6030 8688 9187
966		
967	436 § 78	
968		
969		7888
970	1210 § 11	
971		
972	1210 § 11	8688
973		
974		
975		7274
976		3506 7274 8932 10987
977	436 § 75	2986 8932 9187 10860 10968

ART. du code.	NUMÉROS DES INSTRUCTIONS.	ARTICLES DU JOURNAL.
978		
979		3506
980		6315
981		4428 7274 10968
982		6315 7274 10968
983	436 § 76 1370 § 2	6315 7274 8477 8783 10968
984		
985		9761
286		
987	508	
988	508 1210 § 11	8688
989		
990		6844
991		6844
992		
993		
994		
995		3417 6844
996		5688
997	373 § 1 996	
998		
999		
1000		
1001		6298 7925
1002		9114
1003		
1004		8203
1005		
1006		
1007		10405
1008		7456
1009		

ART. du code.	NUMÉROS DES INSTRUCTIONS.	ARTICLES DU JOURNAL
1010		
1011		
1012		
1013		
1014		
1015		
1016	1077	7574
1017		7231
1018		7231
1019		
1020	436 § 77 1077	2699 3136 4252 4622 7231 7574
1021		
1022		4682 5747 7279
1023		7547
1024		
1025	408 § 10	
1026		
1027		
1028		
1029	408 § 14	
1030	408 § 14 606 § 8	2410 2678 3481 3523 5593 7814 8204 8680 9959 10180 10327 10845
1031	408 § 14 436 § 78 508 606 § 7	
1032		10105
1033		3126 3461 5146 5585 7439 7814 8193 8907 10815
1034		
1035	429 § 5	4049
1036		

ART. du code.	NUMÉROS DES INSTRUCTIONS.	ARTICLES DU JOURNAL.
1037	1170 1458 § 5	2807 3524 7913 8204 9858 10817 11010
1038		9241
1039	408 § 14	2410 5593
1040	420 482	3061 3086 8865
1041	339 472 (1) 1381 § 13	2489 2497 2539 2587 2669 3074 3083 3755 3924 4821 4940 5008 5210 6613 7256 7407 7458 7920 8470 9373 9959 10788
1042	494	8199 8494

(1) Voir la Circ. de M le Direct. général, du 4 juillet 1807.

CODE DE COMMERCE.

DISPOSITIONS GÉNÉRALES.

Nota. Pour ce Code et les suivants, afin de ne pas prendre une place inutile, la série des articles dont il n'a pas été fait d'application a été interrompue, mais un espace en blanc suffisant a été laissé pour leur intercalation lorsqu'il en sera besoin.

TITRES.	CHAPIT.	SECTIONS.	NUMÉROS DES INSTRUCTIONS	ARTICLES DU JOURNAL.
			Livre 1.er	
2				10562
	8			10562
			Livre 2.	
4				3827
5				3297
10		2		3351
			Livre 3.	
1			1146 *n.* 1	
	1 à 8			4932 8613
	7	3		4583
		4		4618
	8	2	1180 *n.* 1	4017
3				3052

CODE DE COMMERCE.

ART. du code.	NUMÉROS DES INSTRUCTIONS.	ARTICLES DU JOURNAL.
1		4243 9730
2		2755
3		
4		
5		
6		
7		
8	774 n. 2 913	5366 5653 5879 6051 6632 6864 7385 7488 8722 10555 10562
9	774 n. 2 913	2913 5366 5653 5879 6632 6864 7385 7488 10555 10562
10	715 774 n. 2 913	6088 6864 10555
11	913	5570 6864 7488 10562
12		5366 7030
13		5366 7030
14		2913 7030
15		7030
16		6632
17		
18		
19		
20		8973
21		
22	1255	
23		7751 8933 8973 10599
24	1255	
25		
26		7751 8933
27		

ART. du code.	NUMÉROS DES INSTRUCTIONS.	ARTICLES DU JOURNAL.
28		
29		8973
30		8973
31		8973
32		8973
33		
34		8973
35		8973
36		6632
37		
38		10599
39	1132 *n.* 1	
40	1132 *n.* 1	
41		
42	1132 *n.* 1	9725 10068 10592
43		
44	1132 *n.* 1	
45		
46	1132 *n.* 1	2757 10592
47		
48		
49.		
50		
51		7547
52		7547
65		4155
66		4155
67	1089 *n.* 3 1132 *n.* 8 1272 § 1 1293 § 2	2866 3277 3643 4155 4245 4454 4947 4968 5003 5484

ART. du code.	NUMÉROS DES INSTRUCTIONS.	ARTICLES DU JOURNAL.
		5926 7446 7541 8762 9049 9066 9138 10117 10154 10176 10945 11187
68	1089 n.3 1136 n.14 1272 § 1 1293 § 2	2866 3277 4245 4454 5003 5004 5484 7446 8679 9049 9066 9138 9885 10117 11187
69		2866 4155 4947
70		2866 4155
71		
72		
73		
74		
75		
76		
77		
78		3286 5259
79		5259 7378
80		5259
81		5259
82		5259
83		
84	1136 n. 11	3286 6632
93		11259
94		
95	1332 1354 §7 1481 § 10	6804 9103 9719 9840 10001 10019 10523 11060 11259
96		5099 6632

ART. du code.	NUMÉROS DES INSTRUCTIONS.	ARTICLES DU JOURNAL.
97		
98		4095 10184
99		
100		
101		5367 9518
102		4095 4909 6632 9518
103		
104		
105		
106		
107	493	
108	493	
109	1381 § 9 1473 § 3	7879 10035
110	410 *n.* 1 1282 § 3	2861 3066 3753 4953 5672
	1410 § 8	7999 8591 9637 10323
111		10323
112	410 *n.* 1	3066 3620 4926
113		3620
114		
115		
116		
117		
118		8963
119	714 § 3 *n.* 1	
120	1204 § 1	8482 8963
121		
122	410 *n.* 1	8984
123		
124	410 *n.* 1	

ART. du code.	NUMÉROS DES INSTRUCTIONS.	ARTICLES DU JOURNAL.
136		10119 10234
137	410 *n.* 1	3066 4047 10234
138		4047 4519 9786 10234
139		
140		5685
141	488	5671 9056 10062
142	488	5671 7727 9056 10062 10140
		10186
143		
144		
145		
146		10527
158		4050
159		4057
160		10062
161	1341	9621
162	714 § 3 *n.* 1 1341	3656 7913 9621
163		
164		
165		4529
166		
167		
168		9621
169		
170		9621
171		
172		
173	1341 1457	3628 7174 9667
174	1341	6659

ART. du code.	NUMÉROS DES INSTRUCTIONS.	ARTICLES DU JOURNAL.
175		
176	420 1293 § 18 1351 art. 28	2904 7533 9325 9667 9954 10023
177		
178		7143
179		
180		3510 7143
181		3510 3600 7143
182		
183		
184		
185		
186		
187		5685 8288 9786 10062 10119
188		4063 6435 8288 8591 9637
189		5451 9685 9637 10062 10972
197	1131	
209	398 736	3290
225	1272 § 12	9185

ART. du code.	NUMÉROS DES INSTRUCTIONS.	ARTICLES DU JOURNAL.
242	402 1272 §12 1370 §6	2923 6398 6558 7590 8280
243	402 1272 §12	2923 6398 6558 7590 8280
244		
245	402	6398
246	402	3026 6558 9895
247	1370 §6	9895
281		7879
282		7879
314	1156 n. 8	
331	1156 n. 8	
332	876	

ART. du code.	NUMÉROS DES INSTRUCTIONS.	ARTICLES DU JOURNAL.	
339	876		
346		9730	
347			
348			
349			
350		3363	
369	1422 § 1	10525	
370			
371			
372	876 1422 § 1	10525	
385	876 1422 § 1	10525	
413	402	6558	
414		6193	
425		3009	

10

ART. du code.	NUMEROS DES INSTRUCTIONS.	ARTICLES DU JOURNAL.
439		
440		2949 4618 4932
441		
442		4280 5077 5261 5968 9557 9651 10602
443	409	3580 5931 5968 6464 7467 7883 8371 9557
444		5077 7467 9557
445		9557
446		9557
447	409	9557
448		
449	1471	2920 2921 5169 10922
450	1471	2941 10922
451		2941
452		
453		2941 2984
454		2920 2939 5169 5653 7750 10602
455		2920
456		
457	619 n. 1	4759 4852 5346
458	1410 § 7	10393
459		5653 10602
460		
461		2956 5653
462		
463	409 1351 art. 28	5653
464	409	
465	409	
466		3371

ART. du code.	NUMÉROS DES INSTRUCTIONS.	ARTICLES DU JOURNAL.
467		
468		
469		
470		2919 4618 5233
471		
472		
473		4618
474		
475		
476		4589 5346
477		
478		
479		
480		5169 7750 10602
481		5653
482		
483		
484		
485		
486	1471 1473 § 3	3994 4340 5384 10144 10489 10602 10922 11021
487		
488		
489		
490		
491	409	
492	409 602 1471	3286 3754 4170 4234 6234 7808 9072 9651 10653 10922
493		
494		5264
495		5264

ART. du code.	NUMÉROS DES INSTRUCTIONS.	ARTICLES DU JOURNAL.
496	409	5169
497	736	5169
498		
499	409 619 n. 1	4394 4583
500	409 619 n. 1	3308 4583 5723 6603
501	409	3993 5169
502	420	3061 3993 9219 9391
503	390 n. 17 420 1106 n. 1 1173 n. 12 1204 § 6 1249 § 12	2939 3061 3265 3611 8508 9017
504	1106 n. 1	
505	1106 n. 1	8930
506		8930
507	390 n. 17 1106 n. 1 1249 § 12 1471	2939 3611 6408 10922
508		9391
509		
510		3611
517		10692
518		
519	390 n. 17 1180 n. 1 1471	2939 4671 10922
520		5931
521		5968
522		
523		5111
524	409 1180 n. 1	5078 5419 5723 6829
525	1180 n. 1	4074 4379
526		
527		3373 6634
528		9219

ART. du code.	NUMÉROS DES INSTRUCTIONS.	ARTICLES DU JOURNAL.
529		
530		
531		
532		9219
533		
534		
535		5169 6804
536		
537		5846
538		
539		9816
540		9816
541	409	
558		5169 7340
559		7340
560		7340
561	1471	4220 7340 10922
562		
563		
564	409	9219
565		
566		
567		9006
568		9006
569		
570		
571		
572		
573		5002

ART. du code.	NUMÉROS DES INSTRUCTIONS.	ARTICLES DU JOURNAL.
574	409	
593		10435
594		10435
606		3497
607		3497
616		7548
624		3342 3397
625		6488
626		
627	436 *n.* 35 1189 § 4	3295 3332 4680 6558 7002 7959 8313 10328
628		
629		
630		
631		5169 7548
632	1377	9730 10357
633		9730
634		5169 6271 7548 9608 10470
635		5169 7548
636		

ART. du code.	NUMÉROS DES INSTRUCTIONS.	ARTICLES DU JOURNAL.
637		
638	1238 § 2 1377	9433 9580 9608 10357
639		
640		7548
641		
642		3342 3397 4802
643		7917

CODE
D'INSTRUCTION CRIMINELLE.

DISPOSITIONS GÉNÉRALES.

Epoque de la mise à exécution.... Art. du Journal 3457.

TITRES.	CHAPIT.	SECTIONS.	NUMÉROS DES INSTRUCTIONS	ARTICLES DU JOURNAL.
			Livre 1.er	
1 et 2				8743
			Livre 2.	
1 2	5	1	1074	9299 4672

CODE D'INSTRUCTION CRIMINELLE.

ART. du code.	NUMÉROS DES INSTRUCTIONS.	ARTICLES DU JOURNAL.
1		9299
2	1435	8950 10407 10694 10999
11		5536
12		
13		
14		
15	661	
16	661 915	9349
17	915	
18	639 661	
19		9349
20	639 661	
21		
22		
23		7142
29		9916
41		5536
42		
43		
44		5536 5551
45		
46		
47		

ART. du code.	NUMÉROS DES INSTRUCTIONS.	ARTICLES DU JOURNAL.
48		5536
49		5536
50		5536
63		9680
64		
65		
66	1195	5598 7670 9680
67	1195	9680
68		6062
76	1077	7574
77		7574 9086
78	1077	
95	1077	7574
96	1077	7574
97		
112		9086
113		
114	554 1077 1203 § 2	5084
115		
116		

ART. du code.	NUMÉROS DES INSTRUCTIONS.	ARTICLES DU JOURNAL.
117	651 736 1203 § 2	
118	554 651 1203 § 2	
119		
120	554 1203 § 2	
121	554	
122	554 1203 § 2	8418
123	651	
124		
125		
126		
127		
128	1077	7317
129		7317
130		7317
131		7317
132		
133		7317
134		
135	1077	
136		
137	1394	
138		
129	1394	
140		
141		8025
142		8025
143		8025
144		
151	1059 1417 1445	
152		
153		

ART. du code.	NUMÉROS DES INSTRUCTIONS.	ARTICLES DU JOURNAL.
154		5815 7692 8981 9349
155		6551
156		
157		9086
158		
159		
160		
161		
162		9680
163		
164	1077	7574
165		9299
166		
167		
168	537 613	3882 4120
169		
170		
171		
172	1059 1417 1445	
173		8708
174	943 1059 1417 1445	5979 8337
175		
176	1077	7574
177		
178		
179	1394	6666
180		
181		
182	1490 § 17	4665 5598 11193
183		6274
184		7447
185		6218

ART. du code.	NUMÉROS DES INSTRUCTIONS.	ARTICLES DU JOURNAL.
186		
187	1417	
188		
189		5815 8981 9349
190	826	4665 9332
191		
192		
193		
194		9680 10548 11247
195		7902
196	1077	7574
197	600 943 1024 1189 §13 1256 §13 1417 1480	5734 7373 8355 8968 8976 9299 10548 11141 11247
198		
199		
200		
201		
202		5870
203	826 943 1417	4577 5862 5883 8051 8071 8708
204		
205		5883
206		
207		5862
208		
209		
210		
211	1077	7457 8981

ART. du code.	NUMÉROS DES INSTRUCTIONS.	ARTICLES DU JOURNAL.
231		8369
232		
233		
234	1077	7574
252		10230
258		(1)
306		5450
355		5450

(1) Voir la Circ. de M. le Direct. gén. du 16 novembre 1841.

ART. du code.	NUMÉROS DES INSTRUCTIONS.	ARTICLES DU JOURNAL.
360		8462
365		8373
366	653	
367		
368	1404	7462 9680
369		
370	1077	7574
371		
372		
373	826	8950 10999
382		4672
383		
384		4672
385		4672
386		
387		
388		
389		9788
390		9086
408		5014 9502
409		
410		
411		
412		

ART. du code.	NUMÉROS DES INSTRUCTIONS.	ARTICLES DU JOURNAL.
413		5014
414		
415		
416		
417		
418		
419		3268 5563
420	1195	5563
421		5563
441		7702 8808
442		5014
450		9086
458		6034
459		6034
460		6034
461		
462		
463		
464		
465		4746 8485 9094 10855 11159
466		9094 9266
467		
468		
469		

ART. du code.	NUMÉROS DES INSTRUCTIONS.	ARTICLES DU JOURNAL.
470	1077	
471		5724 8019 8485 9094 10302 11159
472		9266 11159
473		
474		(1)
475		4746 8485 11159
476		8107
477		
478		5636 11159
485		7142
486		7142
541		9086

(1) Voir la Circ. de M. le Direct. gén., du 5 septemb. 1807.

11

ART. du code.	NUMÉROS DES INSTRUCTIONS.	ARTICLES DU JOURNAL.
600		9086
601		
602		
603		
604		
605		
606		
607		6632
608		6632
635	748	7508 8976 9086 11247
636	748 1249 § 13	5459 7508 8976 9086 9230 10548 11247
637		7407 8265 9708 10548 11247
638		4731 5014 7147 9708 10548 11247
639	748	5459 7508 8976 9086 11247
640		11247
641		
642	1249 § 13	8976 9086 11247
643		6066 6621 7508 9086

CODE PÉNAL.

ART. du code.	NUMÉROS DES INSTRUCTIONS.	ARTICLES DU JOURNAL.
1	600 1036 (1)	7454
2		
3		
4		
5		
6		
7		9091
8		
9		5459 7927 9086 11247
10		7927
11		9086 11247
12		4859
13		
14		
15		
16		
17		7982
18		3871 4445
36		6453
37	729 *n.* 1	9091
38		9091
39		
40		5573
41		
42		

(1) Voir la Circ. de M le Direct. général, du 31 mars 1842.

ART. du code.	NUMÉROS DES INSTRUCTIONS.	ARTICLES DU JOURNAL.
43		
44	651 1222	
45		
46	651	
47		
48		
49		
50		
51		
52	600 1131 1138 1299	6265 8986 10216 10548 10777
53	600 750	10216 10777
54	1409	
55		4801
56		7368
57		
58		8841
59		
60		4859
61		
62		4859
63		
64		
65		
66		7462
73		3886 6632 7927
74		3886 7927 8171
75	544	9091
76		9091
77		9091
78		

ART. du code.	NUMÉROS DES INSTRUCTIONS.	ARTICLES DU JOURNAL.
79		9091
80		9091
81		9091
82		9091
83		
84		
85		
86		9091
87		9091
88		
89		
90		
91		9091
92		9091
93		9091
94		9091
95		9091
96		9691
97		9091
112		9091
113		4016
114		4016
115		
116		
117		4016
118		4016
119		4016
120		4016
121		4016
122		

ART. du code.	NUMÉROS DES INSTRUCTIONS.	ARTICLES DU JOURNAL.
123		
124		
125		9091
126		
127		
128		
129	826 862	
130		
131		
132		6654 9091
133		
134		
135		
136		
137		
138	1340	
139		9091
140		10417
141		10417
142		
143		
144		
145		
146		8369
174		8199

ART. du code.	NUMÉROS DES INSTRUCTIONS.	ARTICLES DU JOURNAL.
175		
176		
177		
178		
179		
180		9091
208		9230
224		9314
286		9091

ART. du code.	NUMÉROS DES INSTRUCTIONS.	ARTICLES DU JOURNAL.
314		9091
378		9916
388		5870
408		5878 1045
409		
410		
411		
412	663	
423		9091
424		
425		
426		
427		

ART. du code.	NUMÉROS DES INSTRUCTIONS.	ARTICLES DU JOURNAL.
428		
429		9091
444		7508
445		7508
458	826	
459		
460		
461		
462		
463		6327
464		5459 9091
465		
466	1122 (1) 1394	7160 8796 9091
467	600	3878 10216 10777
468		
469	600	3878
470		
471		
472		9091
473		
474	715 *n.* 5	10714
475		6501 6632
476		
477		9091
478		

(1) Voir la Circ. de M. le Direct. général, du 31 mars 1842.

ART. du code.	NUMÉROS DES INSTRUCTIONS.	ARTICLES DU JOURNAL.
479		5575
480		5575
481		9091
482		
483		8841
484		6327 6335 7508 8373 8986 9690

CODE FORESTIER.

Voyez la loi du 15 avril 1829 relative à la pêche Fluviale.
Journal n.° 9392.

ART. du code.	NUMÉROS DES INSTRUCTIONS.	ARTICLES DU JOURNAL.
1		
2		
3		
4		
5		
6	1370 § 10	
7	1336 § 4 1370 § 10	
8		
9		
10	1265 § 1 1294 § 5 1473 § 1	9171 9172 9335 10982 11101
11		10285
12		
13		10285
14	1294 § 5 1473 § 1	9335
15		
16		9944
17		10702
18	1223	
19		
20		
21		
22		
23	1251 § 1	
24		
25	1251 § 1 et 2 1265 § 2 1292	
26		

ART. du code.	NUMÉROS DES INSTRUCTIONS.	ARTICLES DU JOURNAL.
27		
28		
29		
30		
31		11274
32		9769
58	(1)	9087 9539 10127 10778 11051
59		
60	1294 § 3	
61	1251 § 3 1265 § 3 (2) 1294 § 3 1309	8987 9087 9144 9539 9836 11051 11058
62	1294 § 3	11051
63	1309	9857
64		10371
65		
66		
67		
·68		
69		
70	1265 § 6	
71		
72		
73		9769
74	1251 § 4	9047 9769

(1) Voir la Circulaire de l'Administ. du 17 novemb. 1828.
(2)   **idem**   du 28 juillet 1829.

ART. du code.	NUMÉROS DES INSTRUCTIONS.	ARTICLES DU JOURNAL.
75		
76		
77		
78		
79	1481 § 11	11106
80		
81	1481 § 11	9499 11106
82		
83		
84		
85		
86		
87	1409	
88	1409	
89	1293 § 8 1294 § 3	
90	1265 § 1 1294 § 5	9171 9172 9184
102		9287
103		9287 10312
104	1481 § 11	9287 9499 10043 10312 11106
105		
106	1251 § 5 1257 1265 § 4 1292 1481 § 11	10228 11106
107	(1) 1251 § 5 1257 (2 1265 § 4 1292 1481 § 11	8945 9145 9944 10228 11106
108		

(1) Voir la Circ. de la Compt. du 15 décembre 1827, n. 12.
(2) Voir la Circ. de la Compt. du 27 octob. 1828, n. 13.

ART. du code.	NUMÉROS DES INSTRUCTIONS.	ARTICLES DU JOURNAL.
109		
110	(1)	
111		
112		
113		
114		
115		
116		
117	1347 § 7	9748
118		
119		
120		10371
121		
122		
123		
124		
125	1265 § 5 1294 § 2	
126		
127		
128		
129		
130		
131	1265 § 5	
132	1265 § 5 1294 § 2	
151		
152		9599

(1) Voir la Circ. de la Comptab. du 27 octobre 1828, n. 13.

ART. du code.	NUMÉROS DES INSTRUCTIONS.	ARTICLES DU JOURNAL.
153	1480	
154		
155		
156		9599
157		
158		
159	1480	9550
160	1265 § 6	9349
161		
162		
163		
164		
165		
166	1265 § 6	
167		
168		
169		
170	1409	8981 10660 10713
171		9230
172		
173	1265 § 1 1480	9171 9172
182	1350	
183		9550
184		
185		9708
186		9708
187		9708
188		
189		
190	1394	

ART. du code.	NUMÉROS DES INSTRUCTIONS.	ARTICLES DU JOURNAL.
198		9091
199		
200		9846
201		
202		
203		
204	1394 1409	8945 9091
205		
206		9573
207		
208		
209	1265 § 7	9092 9130 9551 9706 9708 10288
210	1251 § 5 (1) 1265 § 4 1394 1409 1480	9550
211	1265 § 7 1294 § 1 et 4 1299 1397	9158 9434 9550 9706 10288
212	1299	9434 10777
213	1299 1379	9434 10777
214		10777
215		9551 11141
216		
217		
218		9086 9230 10798
219	1294 § 2	10383

(1) Voir la Circ. de la Compt. du 27 octobre 1828, n. 13.

ORDRES GÉNÉRAUX DE REGIE.

Nota. Les Circulaires rappelées en note par des Lettrines, seront désignées, celles de l'Administration par C. A. et celles de la Comptabilité par C. C.

N.os des ordres géné- raux.	NUMÉROS DES INSTRUCTIONS.	ARTICLES DU JOURNAL.
1		
2		
3		
4	1280 § 1	
5		
6		
7		1560
8	14 *a*	
12		6438
13		
14		
15	70	
16	1417	
21		8712
22	1047 n. 5	
29	1047 n. 6	
30		
31		
32	1387	
33		
34		
35		8712

a C. A. du 29 thermidor an 10.

12

N.ᵒˢ des ordres généraux.	NUMÉROS DES INSTRUCTIONS.	ARTICLES DU JOURNAL.
36		
37		
38	1336 § 11	8568
46	1047 n. 28	
47		
48	1047 n. 2 et 7	
61	1047 n. 5	8400 10901
62		1867
66	*a*	
73	171 *b*	7154
74		
75	172 185 386 n. 28 *c* 1047 n. 28 1248	2540 2746 2911 2970 6760
76	*d*	2534
77	1283 1324 *d*	
81	290	
82	290	
83	443 n. 17 1047 n. 19 *e*	
84	1103 1183	

a C. A du 21 ventôse an 10. | *d* C. A. du 28 mai 1806.
b C. A. du 26 septembre 1808 | *e* C. A. du 24 juillet 1807.
c C. A. du 16 septembre 1807 |

N.os des ordres généraux.	NUMÉROS DES INSTRUCTIONS.	ARTICLES DU JOURNAL.
88	1047 n. 22	
89	197	
90		
91		8929
92		
93	389	
98		6438
102	170	
108	1070	
109		
110		
111	1047 n. 24	
112	1047 n. 24	
120	1047 n. 17	
133		8929
134		
135		6968
139	1019	
144		4027
148	1248 *a* 1351	2540 8128 8734 8929
	a C. C. n. 14.	

N.os des ordres généraux.	NUMÉROS DES INSTRUCTIONS.	ARTICLES DU JOURNAL.
149	1119 n. 1	2540 8929
150	1119 n. 1	2540 8929
151		8929
164	1070	
165		
166	14 *a*	
167		
168		
169		6438
170		
171		
172	170	
177	1358	
178	1047 n. 20 *b* 1358	
185	*c*	
186	*c*	
187	1047 n. 1 *c*	
188		
189	1047 n. 6 et 11	
190	1047 n. 7 1119 n. 1 1248 *d*	2540 8128 8734 8929
191		
192	1047 n. 4	6921
193		

a C. A. du 29 thermidor an 10 | *c* C. A. du 14 mai 1808.
b C. A. du du 24 juillet 1807. | *d* C. C. n. 14.

N.os des ordres géné-raux.	NUMÉROS DES INSTRUCTIONS.	ARTICLES DU JOURNAL.
194		
195	1047 n. 3 et 24	
198		
199		2534
200		2534
201		1507
202		
203		
204	1047 n. 9	
205	*a e*	2057
206	290 1047 n. 11 *b*	
207	1047 n. 17	
208	1047 n. 18	
209	1047 n. 23	
210	1047 n. 23	
211	1047 n. 34 *b*	
212	14 *c b*	
213	*b*	
214		
215	1070 *d*	
216	1070 1119 n. 3	
217	1070	
225	1070	
230	170	

a C. A. du 24 juillet 1807. *d* C. A. du 14 mai 1808,
b C. A. du 21 ventôse an 10. *e* C. A. du 10 septembre 1806
c C. A. du 29 thermidor an 10

N.ᵒˢ des ordres géné- raux.	NUMÉROS DES INSTRUCTIONS.	ARTICLES DU JOURNAL.
239	*a b*	
243	170	
250	14 *c*	
251		
252	348 1119 n. 2	
253		
254		
255	1150 n. 17	
256	290	
257		
258	1150 n. 17 1358	
263	443	
269	*d*	
270		
271	*d*	
272	*d*	
281	445 n. 3	
288	*e*	
294	*f g h* 1284	
295		2534

a C. A. du 6 pluviôse an 10.	*e* C. A. du 26 septembre 1808
b C. C. n. 16.	*f* C. A. du 21 ventôse an 10.
c C. A. du 29 thermidor an 10	*g* C. A. du 29 pluviôse an 10
d C. A. du 24 juillet 1807.	*h* C. A. du 28 novembre 1814.

INSTRUCTIONS GÉNÉRALES.

Nota. La 1.ʳᵉ colonne donne les n.ᵒˢ des Instructions dans leur ordre numérique; la 2.ᵐᵉ et la 3.ᵐᵉ les n.ᵒˢ des Instructions et les articles du Journal qui s'y réfèrent.

Pour les Instructions divisées, les nombres ou paragraphes sont au-dessous du n.ᵒ de l'Instruction.

Voir au surplus pour l'usage de ces Tableaux les explications données au commencement de cet ouvrage.

N. D'ORDRE des Instruct.	NUMÉROS DES INSTRUCTIONS.	ARTICLES DU JOURNAL.
1		
2	605	1238 4233
3	38 19 94 349 623 *a*	2639 2760 3379
4		
5	*b*	
6		
7		
8	36	
9	23	
10	37	
11	68	
12	39 129	
13	38 94	2379 8247
14	*c* 752 1284	
15	39 606 § 9	1075 2359 2914
16	19 33 55 44 88 *d e* 283 164	2917
17	68	
18	*f*	
19	33 55 88 *e*	

a C. A. du 30 avril 1806.   *d* C. A. du 17 floréal an 10.
b C. A. du 17 nivôse an 11.   *e* C. A. du 19 brumaire an 11.
c C. A. du 29 thermidor an 10   *f* C. A. du 5 prairial an 10.

N. D'ORDRE des Instruct.	NUMÉROS DES INSTRUCTIONS.	ARTICLES DU JOURNAL.
20	52 *a b* 97 101	
21		2675
22	32	
23	99	2506
24	48	
25		
26	*c b d e* 35 78	
27	*f*	
28		
29	45 54 61 *g*	
30		
31	*h*	2830
32		
33	55 88 *c i*	
34		2716
35	49	
36	483	
37		
38	166 623 *j*	3379
39		2359 2914
40	127	
41	202 302 § 8 606 § 7 1240	
42	303	7702 8586
43	412	

a C. A. du 26 pluviôse an 10.   *f* C. A. du 13 ventôse an 13.
b C. A. du 29 floréal an 10.   *g* C. A. du 17 thermidor an 10
c C. A. du 17 floréal an 10.   *h* C. A. du 2 pluviôse an 11.
d C. A. du 5 thermidor an 10.   *i* C. A. du 19 brumaire an 11.
e C. A. du 27 frimaire an 11.   *j* C. A. du 30 avril 1806,

N. D'ORDRE des Instruct.	NUMÉROS DES INSTRUCTIONS.	ARTICLES DU JOURNAL.
44	48 58 *a* 147 154	9157
45	54 61 *b c d e* 59 79 80 84 86 *b e* 109 *f*	4276
46	96	2306
47	68 *g h i* 50 *h*	
48	58 95 121 241	2561 3349
49	*h*	
50	95 *j* 58 95	
51	58 *k a* 78 119 151 175 *l* 826	2197 2483 2511
52	*m n* 91 97 101 *n* 114 258	
53	130 194	
54	80 *o p e* 79 84 86 *e* 110 133 *q* 213 329	2739
55	88 107 *r* 407	2917 3605

a C. A. du 29 fructidor an 10.
b C. A. du 23 ventôse an 10.
c C. A. du 24 thermidor an 10
d C. A. dn 17 fructidor an 10.
e C. A. du 7 frimaire an 11.
f C. A. du 8 frimaire an 12.
g C. A. du 27 ventôse an 10.
h C. A. du 17 floréal an 10.
i C. A. du 20 messidor an 10.
j C. A. du 3 thermidor an 10.
k C. A. du 7 floréal an 10.
l C. A. du 25 frimaire an 12.
m C. A. du 26 pluviôse an 10.
n C. A. du 29 floréal an 10.
o C. A. du 17 thermidor an 10
p C. A. du 12 fructidor an 10.
q C. A. du 26 floréal an 11.
r C. A. du 19 brumaire an 11

N. D'ORDRE des Instruct.	NUMÉROS DES INSTRUCTIONS.	ARTICLES DU JOURNAL.
56	a	1940 6188 10140
57		2752 4323
58	b c 78 c d 119 e 260 475 f g 567	2511 2706 3381 3824 3917
59	h	
60		
61	79 80 84 86 i 137 215 235 270 465 j k 867 975	2770 3321 3629 3700 4276 4873 8317
62	74 76 107	
63	78 119 246 l	2906
64	m	3348
65		
66	n 94 166 624 829	
67	71 98 o	
68	95 i 152 162	2279
69	89 352	
70		
71	98 o 337	1113 1241
72	96 99 122 p 193 294 371 § 2 q r s 403 1072 1239 § 1 t	

a C. A. du 17 pluviôse an 10.   k C. A. du 9 nivôse an 12.
b C. A. du 7 floréal an 10.   l C. A. du 7 pluviôse an 12.
c C. A. du 29 fructidor an 10.   m C. A. du 28 fructidor an 10.
d C. A. du 6 frimaire an 11.   n C. A. du 14 brumaire an 11.
e C. A. du 29 frimaire an 12.   o C. A. du 14 fructidor an 10.
f C. A. du 17 décembre 1806   p C. A. du 12 fructidor an 11.
g C. A. du 9 décembre 1809.   q C. A. du 14 messidor an 12.
h C. A. du 5 messidor an 10.   r C. A. du 27 messidor an 12.
i C. A. du 11 messidor an 10.   s C. A. du 9 frimaire an 14.
j C. A. du 13 novembre 1807   t C. C. n. 31.

N. D'ORDRE des Instruct.	NUMÉROS DES INSTRUCTIONS.	ARTICLES DU JOURNAL.
1	*a*	7975
2	326 § 1	2516
3		2534 7874
4	1354 § 11	
5		
6		
7		2506
8		6490
73	104 *b c d* 122 128 143 *e f g d*	
74	331 *h*	
75		2511 2752
76	107 134 *i j*	
77		
78	81 97 101 103 *k l* 111 119 151 159	
79	80 84 86 *m n o*	
80	84 86 *m*	
81	91 97 101 111	
82	*p*	
83		
84	86 *m* 212	

a C. A. du 13 septembre 1806	*i* C. A. du 27 brumaire an 12
b C. A. du 9 thermidor an 10	*j* C. A. du 29 ventôse an 12.
c C. A. du 19 frimaire an 10.	*k* C. A. du 5 thermidor an 10
d C. A. du 5 vendémiaire an 11	*l* C. A. du 13 brumaire an 11.
e C. A. du 23 nivôse an 12.	*m* C. A. du 7 frimaire an 11.
f C. A. du 4 frimaire an 14.	*n* C. A. du 3 pluviôse an 11.
g C. A. du 12 décembre 1806	*o* C. A. du 6 nivôse an 13.
h C. A. du 14 septembre 1807	*p* C. A. du 26 ventôse an 11.

N. D'ORDRE des Instruct.	NUMÉROS DES INSTRUCTIONS.	ARTICLES DU JOURNAL.
85	331	
86	a	
87		
88	93 106 147 169 225	2282 2917
89	93 106 b 352	
90	978 § 2	3641 3829
91	97 101 c	
92	116 218	
93	106 147 225	2282 2917
94	d	3379
95	117 163 184 249 e f g h 1324	
96		2279 2306
97	101	
98	i	
99	j k l m n o	2506
100	123	
101	119 975	
102		
103	119 301 975 p q	3219
104	128 r	

a C. A. du 7 frimaire an 11.   j C. A. du 25 novembre 1807.
b C. A. du 28 ventôse an 11·   k C. A. du 6 mai 1809,
c C. A. du 26 pluviôse an 10. l C. A. du 2 décembre 1809.
d C. A. du 14 brumaire an 11   m C. A. dn 30 frimaire an 13.
e C. A. du 31 janvier 1807.   n C. A. du 20 fructidor an 13
f C. A. du 7 novembre 1807.   o C. A. du 15 décembre 1806
g C. A. du 12 septembre 1808   p C. A. du 14 décembre 1812.
h C. A. du 5 thermidor an 13   q C. A. du 28 frimaire an 14.
i C. A. du 14 vendémiaire an 12 r C. A. du 13 septembre 1806.

N. D'ORDRE des Instruct.	NUMÉROS DES INSTRUCTIONS.	ARTICLES DU JOURNAL.
105		
106	149 a 225 283	2928
107	134 174 b	
108	c	
109	159	
110	133 187 d	
111		
112	e	
113	139 f 195 355 g 975	2687 3046 3047
114	119 214	1507
115	313 h	1497 2242
116	120 230 268 285	2532
117	163 249	
118		1387 2162
119	151 224 291 i	
120		
121	241	2561 2613 2906 9091
122	j	
123	233 1219 98	3602 8253 8789
124		10101
125	k	
126	l 280 m	3001

a C. A. du 2 fructidor an 11.
b C. A. du 13 pluviôse an 11.
c C. A. du 1 prairial an 11.
d C. A. du 4 floréal an 11.
e C. A. du 13 février 1808.
f C. A. du 5 prairial an 11.
g C. A. du 29 janvier 1808.
h C. A. du 5 juillet 1808.
i C. A. du 27 floréal an 13.
j C. C. n. 16.
k C. A. du 22 février 1806.
l C. A. du 28 prairial an 11.
m C. A. du 2 complém. an 12

N. D'ORDRE des Instruct.	NUMÉROS DES INSTRUCTIONS.	ARTICLES DU JOURNAL.
127		
128	*a*	
129	659	
130	164	
131		1393
132	*b*	6230
133	329 975	
134	174 *c d* 254 *e*	
135		
136	231 257 408 § 10 1127	2410 2518 2540 4830
		8152 8337 8638
137	*f* 215 435 1006	10124
1		2664 6577
2		5616 6374 6462 6527
3		6777
4		
5		1762
6		2770 4873
138		
139	156 355 *g*	2687 3046 3047
140		
141		
142	220 653	2752 5128
143	*a*	

a C. A. du 13 septembre 1806   *e* C. A. du 6 messidor an 12
b C. A. du 8 germinal an 12   *f* C. A. du 15 vendémiaire an 12
c C. A. du 8 vendémiaire an 12   *g* C. A. du 29 janvier 1808.
d C. A. du 27 brumaire an 12

N. D'ORDRE des Instruct.	NUMÉROS DES INSTRUCTIONS.	ARTICLES DU JOURNAL.
144		
145	317	2506
146	*a* 190 213 297 *b c*	
147	180 361 376 503 557	3540 7483 9157
148	*d*	2264
149	283	
150		2928
151	*e*	
152		
153	*f*	
154		
155	167 181 200 278 334 § 4 *g* 864 *h*	2926
156	365 *i*	
157	197	2723 3045
158		2714 3246 6408
159	*a* 214 236	
160	186 286 386 § 9	1839 2438 2845 2874 2901 3509 4097
161	183 *j*	10522
162	*k l*	
163	*m n*	
164		

a C. A. du 15 vendémiaire an 12
b C. A. du 14 germinal an 12
c C. A. du 6 nivôse an 13.
d C. A. du 29 frimaire an 12
e C. A. du 2 fructidor an 11.
f C. A. du 11 décembre 1806
g C. A. du 20 pluviôse an 12
h C. A. du 23 janvier 1809.
i C. A. du 29 janvier 1808.
j C. A. du 30 fructidor an 11
k C. A. du 14 brumaire an 12
l C. A. du 24 brumaire an 12
m C. A. du 29 brumaire an 12
n C. A. du 28 juillet 1808.

N. D'ORDRE des Instruct.	NUMÉROS DES INSTRUCTIONS.	ARTICLES DU JOURNAL.
165		3389
166	349 624	2639 2770
167	177 *a b* 278 *c d e*	
168		
169		2996 3197 3497
170	262 295 *f g* 1280 § 1	1987 3012 3048 3191
	1368 1464	3251 3380 3625 5056
		7072 7130 7930 10969
171	*h i* 793 1224 *j*	7176
172		
173	*k*	5259 6674
174		
175	*l* 1023	
176	255 638	2102 8869
177		
178		
179	190 194 199 213 227	
	244 302 § 8 et 12 *m*	
180		3557
181	189 200 278 334 § 2	3001 3408
	d n 864	
182	414	3080
183	212 226 *o*	2300 4276 10522

a C. A. du 14 brumaire an 12 | *i* C. A. du 24 mars 1808.
b C. A. du 18 frimaire an 12 | *j* C. C. n. 3.
c C. A. du 14 pluviôse an 12 | *k* C. A. du 10 novembre 1806
d C. A. du 20 pluviôse an 12 | *l* C. A. du 14 novembre 1814
e C. A. du 17 ventôse an 12. | *m* C. A. du 15 octobre 1806.
f C. A. du 6 septembre 1808 | *n* C. A. du 6 frimaire an 13.
g C. A. du 29 ventôse an 13 | *o* C. A. du 25 juin 1808.
h C. A. du 26 brumaire an 12

N. D'ORDRE des Instruct.	NUMÉROS DES INSTRUCTIONS.	ARTICLES DU JOURNAL.
184		
185	209 290 § 28 366 § 15 1362	2529 2708 2964 3159 4775 6637 7001 7125 7621 8838
186	286 290 § 10 366 § 7	1839 2438 2845 2874 2901 2996 3794 4097
187		
188		
189	200 217 334	3408
190	213 227 249 334 *a* 1324	
191		
192		
193	371 § 4 1051 § 3	2373 7234
194	301 381 466 506 *b* 1359	2579 2830 7071
195	*c* 355 *d*	2292 2390 3046 3047
196		9497
197		
198		4076 5495 7298 9194 9495 10903
199	213 227 268	
200	278 334	3408
201		
202	302 § 7 et 8 411 §1 606 § 7	3376 8850 9564 10076
203	228 *e*	2592
204	558	6415
205		

a C. A. du 5 thermidor an 13 | *d* C. A. du 9 pluviôse an 12.
b C. A. du 13 janvier 1806. | *e* C. A. du 5 germinal an 12.
c C. A. du 4 juin 1806. |

N. d'ordre des Instruct.	NUMÉROS DES INSTRUCTIONS.	ARTICLES DU JOURNAL.
206	233	2055 2275 2400 2557 2625
207	*a*	3146 7709 9772
208	314 509	5687 8929
209	1362	2670 2708 2964 3159 4775 6470 6637 7425 7303 7980 8406 8838
210	222 *b*	
211	1204 § 1	1997 2114 4931 7654 8482
212		
213	227 244 249 258 261 *c d*	2506 2511
214	236	
215	270 331 *e f g* 975	2770
216	*h*	
217	278 334	2836 3408
218	268 285	
219	267 273 300 517 *i* 1203 § 1 1407	2405 2761 2762 2770 3271 3411 8782 8790 8804 8873
220		
221	224 259 *j*	
222	*d*	
223	270 *k*	

a C. A. du 24 septembre 1809.   *g* C. A. du 26 frimaire an 14.
b C. A. du 13 août 1808.   *h* C. A. du 4 nivôse an 14.
c C. A. du 6 prairial an 12.   *i* C. A. du 26 décembre 1807.
d C. A. du 6 nivôse an 13.   *j* C. A. du 19 messidor an 13.
e C. A. du 28 février 1810.   *k* C. A. du 27 floréal an 12.
f C. A. du 12 germinal an 13.

N. d'ordre des Instruct.	NUMÉROS DES INSTRUCTIONS.	ARTICLES DU JOURNAL.
224	259 *a*	2122 2770
225		2282 2917
226		
227	244 268	3097
228		
229	262 301 *b*	9210
230	285 471 *c*	2046
231	408 § 10	2410 8307 8337 8638
232		3591
233	255 264 265 276 316 § 1 n. 4 et § 3 n. 9 *d* 413 § 2 *e* 1433	1908 2376 2944 3027 3613 3931 8307 11006
234		
235	242 867	
236		
237		
238	302 § 9 751 285	
239	386 § 36	6675 9256 10545
240	*g*	3354
241	301 *h*	2561 2880
242		
243		5493
244	285	
245	290 § 63	8992
1		1854 2245 2894 3766 8816 11165

b C. A. du 19 messidor an 13
b C. A. du 24 brumaire an 14
c C. A. des 2 thermidor an 12 et 10 pluviôse an 13
d C. A. du 7 juin 1806.
e C. A. du 21 frimaire an 13
f C. A. du 21 prairial an 13.
g C. A. du 4 nivôse an 14.
h C. A. du 7 fructidor an 12.

N. D'ORDRE des Instruct.	NUMÉROS DES INSTRUCTIONS.	ARTICLES DU JOURNAL.
2		
3		2340 7844 8426 8875
246	*a b c* 1011 § 2	1983 2511 2906
247	*d* 1370 § 2	
248	290 § 50 311 323 330	2661 2704 3043 9815
	534 *e f* 754 1367	
249	*g h*	
250		
251	302 § 7 411 § 1 606 § 7	
252	281 291 358 *i j k l* 975	2511
253	*j m*	
254	256 522 *n o p*	
255	276 § 1 316 § 1 n. 3 § 2	2026 2060 *bis* 2102 3366
	n. 8 638	8898
256		2273
257	408 § 10	2410 8337
258		9487
259	*q r*	
260	310 498 *s t u*	2706

a C. A. du 13 août 1806.	*l* C. A. du 8 septembre 1810.
b C. A. du 16 mai 1807.	*m* C. A. du 12 septembre 1808
c C. A. du 28 vendémiaire an 13	*n* C. A. du 28 août 1811.
d C. A. du 4 fructidor an 12.	*o* C. A. du 1 complém.ᵉ an 12
e C. A. du 5 fructidor an 12.	*p* C. A. du 29 brumaire an 11
f C. A. du 25 ventôse an 13.	*q* C. A. du 13 janvier 1808.
g C. A. du 14 fructidor an 12	*r* C. A. du 19 messidor an 13
h C. A. du 17 vendémiaire an 14	*s* C. A. du 20 février 1807.
i C. A. du 17 décembre 1806	*t* C. A. du 23 novembre 1807
j C. A. du 4 août 1809.	*u* C. A. du 19 juin 1813.
k C. A. du 27 floréal an 13.	

N. D'ORDRE des Instruct.	NUMÉROS DES INSTRUCTIONS.	ARTICLES DU JOURNAL.
261		
262	295 665 1046 § 3	3012 3048 3049 3191 3251 6181 6840 7561 10969
263	313 384 436 § 62 1089 1150 § 17 1285 1293 § 18 1347 § 15	2445 2658 2734 2898 3188 3222 3232 3811 4373 5237 6301 7373 7533 7603 7729 7885 7909 8162 8354 8369 8383 8394 8841 9027 9109 9261 9409 9570 10157 10229
264	316 § 1 n. 4	
265		
266	a	8762
267	300 1203 § 1	2405
268		
269	438 754 785 910	3847 4681 5297 5353 5385 5416 6437 6438 6745 7024 7866
270	284 b c d e f	2511
271		
272	g h	2323 5095
273	300	2405 2770 3271 3441 3805

a C. A. du 26 pluviôse an 13   c C. A. du 27 germinal an 13
b C. A. du 13 février 1807.   f C. A. du 6 novembre 1806.
c C. A. du 20 mai 1808.   g C. A. du 12 germinal an 13
d C. A. du 1 ventôse an 13.   h C. A. du 3 brumaire an 14

N. D'ORDRE des Instruct.	NUMÉROS DES INSTRUCTIONS.	ARTICLES DU JOURNAL.		
274	316 § 1 1453	3436 3824 7526		
275	327 333 513	2456 2506		
276	316 § 3 n. 10 344 § 2 383			
277	307 § 2 313 a 875 1491	2712 3018 3930		
278	334 b	3408		
279	c	2047 2511		
280	298			
281	366 § 6 475	2568 3824 5596		
282	283 320 § 1 324 339 412 478 833 1050 d	2534 2634 3508 4158		
283	302 § 8 324 358 400 § 2 414 e f g h i j	2282 2428 2534 2540 2917 2928 2960 2961 3080 3187 3252 3925 4246 5317 6010 6296		
284	k l	3269		
285	292 m n o p	2442		
286		2338 2438 2874 2901 2996 3499 4097		
287		2190 2832 3191		
288		2109		
289	309 331 q 404 636 r	2358 2694 2710 2831		

a C. A. du 11 décembre 1806
b C. A. du 7 floréal an 13.
c C. A. du 29 vendémiaire an 14
d C. C. n. 31.
e C. A des 7 et 27 mars 1807.
f C. A. du 2 mai 1807.
g C. A. du 30 avril 1808.
h C. A. du 16 juillet 1808.
i C. A. du 21 messidor an 13.

j C. A. du 11 décembre 1806
k C. A. du 8 décembre 1809.
l C. A. du 24 vendémiaire an 14
m C. A. du 21 prairial an 13
n C. A. du 5 messidor an 13
o C. A. du 9 vendémiaire an 14
p C. A. du 15 octobre 1806
q C. A. du 10 juillet 1807.
r C. A. du 21 mars 1807.

N. D'ORDRE des Instruct.	NUMÉROS DES INSTRUCTIONS.	ARTICLES DU JOURNAL.
	a 1486	2918 4591 4689 4770 5941 7770 10329
290	360 366 § 12 et 17 502 b 771 824 850 1008 1270	3658 9711
1	1282 § 9	2107 2125 2355 3206 3968 7114 9902 10958
2		7395
3	390 § 1 452	2867 3489 5384 9765
4	386 § 2 1132 § 7	2715 5048 6617 7760 8666 9176
5	293 386 § 6 561	2211 2401 2532 2583 2680 3734 3855 5959 8325
6		
7	386 § 3	2453
8		5323 11274
9		4816 4838 6533 7405 7978 8334 8973
10		
11	1204 § 1	3071 3139 4833 5642 7654 7811 7999 8141 8482
12		
13		7055
14		4621
15	1205 § 2	3888 7717 8592
16		
17		9809

a C. A. du 13 août 1808.   b O. du 24 septembre 1809.

N. D'ORDRE des instruct.	NUMÉROS DES INSTRUCTIONS.	ARTICLES DU JOURNAL.
18		1656 3194 3588 6683 7069 7377 9095
19		2584 8024
20		
21		1069 2487 3415
22		2175 2532 2583 2591 5532 5770 7690
23		
24	398	3518 3547
25	1187 § 15	7334 10281
26		6835 7850 10257 10348
27		3884 4966 10410 10557
28	504	
29		6482 7316 7592 7
30		8618 8836 9153
31		2719 4564
32		7943
33		
34		7084 11165
35		7401
36	470 a 1166 § 7	6543 7470 7797 8027 10827
37	541 556 584	6543 7470 7797
38		
39		
40		

a C. A. du 4 nivôse au 14.

N. D'ORDRE des Instruct.	NUMÉROS DES INSTRUCTIONS.	ARTICLES DU JOURNAL.
41		
42		2331 2477 2494 2965
		6202
43		8713 9454
44		
45		
46		
47		
48	1347 § 8	
49		
50	323	2449 6202
51		2449 3680 4301 4946
52	323 *a*	2449
53		6202
54		
55		
56	311	
57	311	2922
58		8713 9454
59	400 § 7	
60		2965
61	415 § 1	7268 9106 10325
62		3292
63	1347 § 4	7087 8992 9119 9768
64		
65		
66	386 § 31	
67		
68		
69		

a C. A. du 3 brumaire an 11.

N. D'ORDRE des Instruct.	NUMÉROS DES INSTRUCTIONS.	ARTICLES DU JOURNAL.
70	300 386 § 33 et 34	
71		
72	386 § 32	2779 3101 3244 3383 3673 4151 6871 7739
73		4962 6939
74		2226 2614 3146 4349
75		6257
76		2593 3786
77		
291	*a b c d e f g*	2511
292	302 § 3 4 5 et 8 321 *h i*	
293	336 386 § 12 395 454 504 608 *j* 941 953 § 1 1025 1187 § 16 1239 § 2	2234 2290 2401 2552 2583 2966 3398 4081 5272 6547 6652 7517 7826 8026 8291 8672 9007 9484
294	*k* 1464	7386
295	665 1016 § 2 1280 § 1 1368	3380
1		3012 3048 3186 3191 3251 3625 5391 5944 6726 7072 7561

a C. A. du 22 septembre 1806
b C. A. du 4 août 1809.
c C. A. du 8 septembre 1810.
d C. A. du 28 brumaire an 14
e C. A. du 9 frimaire an 14.
f C. A. du 16 avril 1806.

g C. A. du 11 août 1807.
h C. A. du 9 vendémiaire an 14
i C. A. du 15 octobre 1806.
j C. A. du 26 décembre 1806
k C. A. du 7 nivôse an 14.

N. D'ORDRE des Instruct.	NUMÉROS DES INSTRUCTIONS.	ARTICLES DU JOURNAL.
2		3012 3048 3251 5999 6726
296	386 § 26 390 § 13 406 § 1 et 2 634 1336 § 8	2998 3258 3265 3426 3601 3647 3803 7192 8706
297	365	
298	319	2476
299	a	
300	467 1118 1203 § 1 1407	8782 8873
1		
2		3271 3805
3		3411
4		
5		3411
6		2405 2770 3271
301	516 § 1 n. 2 1265 § 7	2458 2491 2579 3350 4396 9130
302	321 411 § 1 518 606 § 7 b c	
1	305	
2		
3		
4		
5		
6		3409
7		3409
8		2579
9		
10		
11		
12		

a C. A. du 15 septembre 1807 c C. A. du 15 octobre 1806.
b C. A. du 25 février 1811.

N. D'ORDRE des Instruct.	NUMÉROS DES INSTRUCTIONS.	ARTICLES DU JOURNAL.
303		7702
304	*a*	2511
305		
306	411 § 2	3025
307	312 430 *b*	
308	*c d* 1007	
309	315	2746
310	498 *e*	2706
311	330 *f*	2922
312	*b* 983 § 1	
313	340 § 6	2712 3018 3447
314	353	2389 4322
315	428 1444	2534 2746
316	344 § 2 445 § 1 521 603	2944 3478 4582 8733
	1117 1210 § 15 1260	9348 10248
	1433 1453	
1		
2		
3	416	5218 11120
4		2723 2871
5	374 649	2768 3344 3931 6096
		6204 8099
6	1437 § 6	5652 10634
7		
8	385	8206
9		
10	383 433 § 6 1303 § 24	3037 7020
	1487	

a C. A. du 13 février 1808.   *d* C. A. du 18 novembre 1806
b C. A. du 10 mars 1807.   *e* C. A. du 19 juin 1813.
c C. A. du 31 octobre 1807.   *f* C. A. du 7 novembre 1808.

N. D'ORDRE des Instruct.	NUMÉROS DES INSTRUCTIONS.	ARTICLES DU JOURNAL.
11		2971 3070
12	1278	7461
317	a	2506
318	322 325 364 453 b 1150	2465 2481 2649 2788
	§ 17	3068 3237 3316 3317
		3559 8697
319		2476 2635 2746
320	c d 1444 e	2624 2746 3242 6244
321		
322	1069	3559
323	400 § 8	3876 4168 6448 10638
324	412	3508 5736
325	b	
326	396 599 1388 § 9	8058
1	326 § 2	7466 8463
2		2813 3790 10004 11090
3	575	3132 3266 6537 6602
		7701
4	572	
5		3067 3520 3539 3601
		3694 4659
327	333 400 § 9 513	2620 3011 3097
328		3288 3546
329		
330	555	2922
331	f	2908 2945
332	g	4451 10329

a C. A. du 11 juin 1807.
b C. A. du 16 septembre 1807
c C. A. du 18 septembre 1809
d C. A. du 25 novembre 1806

e C. A. du 30 novembre 1813.
f C. A. du 29 mai 1813.
g C. A. du 17 novembre 1830

N. D'ORDRE des Instruct.	NUMÉROS DES INSTRUCTIONS.	ARTICLES DU JOURNAL.
333	513 595	3011
334	355 *a b* 864 *c*	3001 3408 3532 4070 7520 8295
335	347 368 398	2814
336	553	
337		
338		7724
339	478 *c*	3508 5736 9067
340	359 384 412 *d* 436 § 62	8668
1		
2		
3		
4		3742
5		2995 9354
6		
7		
341	373 § 10 443 508 606 § 7 *e*	
1		
2		3299
3		
4		
342	1209 § 2	6018 10075
343	380 826 1057	3243 3578 5751 5751 5762
344	394 *f g*	
1		
2		3560 4240 8975

a C. A. du 5 janvier 1808. *c* C. A. du 26 novembre 1808.
b C. A. du 23 janvier 1809. *f* C. A. du 21 décembre 1807.
c C. A. du 27 juillet 1808. *g* C. A. du 27 février 1808.
d C. A. du 19 mars 1808.

N. D'ordre des instruct.	NUMÉROS DES INSTRUCTIONS.	ARTICLES DU JOURNAL.
345	562 1179 1243	6935 7540 7974 8144 8576 9086 10091 10325 11024
346	436 § 42	3082 3485 3486 7591 7959
347		
348	425 a 975	
349	391	2749 2770
350	352 370 442 633 868	2853 2962 3217 3333 8151 8750 8869
351	386 § 19	3798
352	381 426 554 748	2993 3580 3763 4175 4200 4211
353	b 1421	3291 3632 4322
354		
355	c	3046 3047
356	1327	7977
357	336 §17 429 §2 436 §53	2850 3527 8704 9809 10993
358	361 378 412 414 531 d e f g	2763 3080
359		3778 8521
360	1272 § 3	1267 3888 7405 7747 8592 9134
361	e f g h 975	3579
362	433 § 7 730 959	2972 3045 4739 8586 8880
363	382	2886 3279

a C. A. du 4 juin 1812.   e C. A. du 12 mai 1808.
b C. A. du 21 janvier 1814.   f C. A. du 10 octobre 1808.
c C. A. du 5 novembre 1808.   g C. A. du 5 octobre 1812.
d C. A. du 30 avril 1808.   h C. A. du 5 janvier 1808.

N. D'ORDRE des Instruct.	NUMÉROS DES INSTRUCTIONS.	ARTICLES DU JOURNAL.
364	*a b*	2864 2929 10329
365		4713
366		8408 10638
1		8728 9947
2		7896 11143
3		7372
4		3562 4391 8093 8539
5	405 § 2	3850
6		
7	1410 § 2	2845 2996
8	476	7286 7506
9	401 1432	
10	390 § 10	3955
11		
12		
13		
14	1236 § 8	4714 8512 8926
15		
16		
17		3043
18		5583 7269 8641 9055
367		3135 7395
368		
369		3897
370	442	
371		
1		3568
2		
3		
4		

a C. A du 15 avril 1808. | *b* C. A. du 13 août 1808.

N. D'ORDRE des Instruct.	NUMÉROS DES INSTRUCTIONS.	ARTICLES DU JOURNAL.
5		
6		7327
372		7389
373	390 § 9 397	9752
1		
2		2925 3397
3		
4		
5		
6		
7		
8	4483	3035 6717 7517
9		
10		
374	445 a 649	3239 3253 7828 8596
375	381	3294 4200 7701
376	378	9157
377		
1		3891 4025 4763
2	b	7474
3		
378		
379		6558 7644 7794 8665
380		7720
381	506 510 518 600 750	3907 5369
382		3279 3559 6779
383		
384	453	5690 7373

a C. A. du 30 juillet 1808. | b C. A. du 26 septembre 1812

14

N. D'ORDRE des Instruct.	NUMÉROS DES INSTRUCTIONS.	ARTICLES DU JOURNAL.
385	980	3198 5868 6758 8758 9572
386	436 § 71 480	8348 9611
1		
2	1132 § 7	5048 7760 9176
3	400 § 2	3497
4		7152
5		
6	405 § 2 561	
7		
8		
9		4097
10	1381 § 1	3538 5837 5856 7067 7139 7418 10066
11		7038
12		
13		3110
14		3110
15		3110
16		3110
17		3110
18		7084
19		3206 3713 8544
20		3798 4886
21		
22	1236 § 11	8860
23	456 464	3848 7157 7422
24		
25	424 § 3	
26		6198 7192
27		3352
28	882 1328	2911 4008 4786 5053

N. D'ORDRE des Instruct.	NUMÉROS DES INSTRUCTIONS.	ARTICLES DU JOURNAL.
		5938 7480 8017 8503
29	1437 § 5	3255 3709 6458 7923 8137 10419 10663
30	1307 § 10	3843 7480 8712 9467 10575 11219
31		
32		3244
33		
34		2931
35		10659
36		
37		
38	495	
39		7807
40		7107
387	1291	9228
388		4644
389	606 § 3	
390	450	8335
1		
2		
3		5556
4		3110 3362 3382 3444
5		5783
6		
7		7383
8		8711
9	436 § 58 1416	
10	400 § 9 1490 § 10	3750 8408 10638 11145

N. D'ORDRE des Instruct.	NUMÉROS DES INSTRUCTIONS.	ARTICLES DU JOURNAL.
11	1229 § 9	6201 8701 8711 8810
12		3547 3559 3777
13		7192 8 76
14		
15		
16		
17	420 § 2 1180 § 1	3246 3611 4649 8930 9391
391	567 623	
392	405 § 3 1490 § 12	7613 7691 7833
393		
394		2770
395		7517
396	1336 § 11	3341 4065
397	1387 a	5617
398	405 § 5 413 § 3 436 § 49 500 1354 § 13 413 § 2	3038 3143 3183 3290 3375 3547 3682 3805 4410 4457 4614 4777 5329 5644 5645 7763 8361 8650 9086 9792
399		
400	436 § 74	
1	1422 § 11	6169 10530
2		
3	1249 § 5 1263 § 6	3536 9116 9312
4		3455 4034 4368 5644 11019
5	1347 § 3 1381 § 3 1425 § 12	3512 5538 7733 9516 9615

a C. C. n. 31.

N. D'ORDRE des Instruct.	NUMÉROS DES INSTRUCTIONS.	ARTICLES DU JOURNAL.
6		
7		5066
8		
9	1490 § 10	3750 10638 11145
10		
11	1146 § 12 1270	3044 4497 5854
12		3225 3278 6178 6349 10034
401	574 1156 § 7	3128 3621 4507 5467 5823 6068 6277 6359 6622 7141 7266 7513 7516 7570 7676 7823 8739 9060 9286
402	1272 § 12	3287 6398 6558 8646
403	591 629	3034 6565 6584
404	a b	3348 10329
405	766 §1 809 1051 §2 1388 § 2	9688
1	1425 § 3	
2		
3		1800 1804 bis 1810 bis 3657 6566 7514 bis
4	1229 § 2	3926
5		7210
6		8885
7		3397 6038
406	1336 § 8	8520

a C. A. du 14 avril 1809. b C. A. du 17 mai 1813.

N. D'ORDRE des Instruct.	NUMÉROS DES INSTRUCTIONS.	ARTICLES DU JOURNAL.
1		3265 3566 7192
2		3105 3265
407	485 *a b c* 567 839	
1		4212
2		7688
408		3859
1		
2	1416	6989 7039 10293
3		8403
4		
5		
6		
7		
8		
9		
10		3369 3399 8337
11		
12	472 *d*	
13		
14		
409	619	5723
410	883	
1	1282 § 3	3339 7999
2	1458 § 3	3139 3856 5779 5976
411	606 § 7	
1		4455
2		
412	415 § 2 428 478	3508
413	423 427 448 520 656	3141 3548 8330 8889

a C. A. du 17 avril 1809. *c* C. A. du 20 novembre 1811.
b C. A. du 25 mai 1809. *d* C. A. du 2 septembre 1809.

N. D'ORDRE des Instruct.	NUMÉROS DES INSTRUCTIONS.	ARTICLES DU JOURNAL.
	696 835 § 7 863	8905 9385 9774
414		
415	518 652 1166 § 2 1259	9045 9086
1		7268 7453 10325
2		6247 7453
3		7974
4		
5		
6		3907 7453
7		
8		3907
416	603	5172 5218
417	435 1303 § 19	3216 7186 7950 9485
418	422	3250
419	575 1250 § 1	
1		
2		6602 7166 7701 7879
420	1293 § 18	
1		7533
2		
421		
422		
423	427 835 § 7 1422 § 2	8889
424		
1		7374
2		8737
3		

N. D'ORDRE des Instruct.	NUMÉROS DES INSTRUCTIONS.	ARTICLES DU JOURNAL.
425	712 1062	4414 5882
426		4175 4211
1		
2		
3		
427	656 863	3548 8330
428	440 447 462 *a* 1444	3315 3624 3674 8485
429		
1		3235 3766 5504 7181 7881 8127 8887 10663 10801
2		
3		3714
4		3168 5694
5		4049 6174
430		
1		
2		
431	457 564 643 *b c*	5174
432		
1		
2		
3		3884 4609 7884 11069
4	1200 § 1 1362	4775 5119 5810 6535 7001 7125 7831 8406
5	654	3284
6		

a C. A. du 29 novembre 1809 | *c* C. A. du 8 août 1810.
b C. A. du 24 novembre 1809 |

N. D'ORDRE des Instruct.	NUMÉROS DES INSTRUCTIONS.	ARTICLES DU JOURNAL.
433	499 1318 14 1351	
1	1453	3819 6096 10248
2	1210 § 16	4446 7951 7986 8758
3		
4		
5		
6	1303 § 24	8881
7		
434		
435		
436	502 1097 1106	3524 3668 9752
1		
2		3524 3668 4700 7783
3	1132 § 4	5737 6044 6738 7017
4		
5		3524
6		
7	436 § 35	
8		
9		4347
10		5592
11		3859 8403
12		11228
13		3375
14		
15		7620
16		3375 3463 5087
17		7620
18		

N. D'ORDRE des Instruct.	NUMÉROS DES INSTRUCTIONS.	ARTICLES DU JOURNAL.
19	436 § 28	
20		3475 4624 5648
21		
22		
23		
24		8054
25		10245
26		
27		
28		5648
29		
30		
31		
32		
33		
34		11257
35	1189 § 4	3332 4680 6553 7002
36		8765
37		
38		
39		
40		
41		6905 7591 9710
42		3485 3486 6905 7591 8397
43		3430 5371
44		7620
45		
46		
47		
48		10181
49		5329 11192

N. D'ORDRE des Instruct.	NUMÉROS DES INSTRUCTIONS.	ARTICLES DU JOURNAL.
50		5329
51		3306 4159
52		
53		3527
54		
55		7620
56		5657 7759
57	1180 § 3	3432 3704 8925 9142
58		10181
59		3375
60	1282 § 2	5610 5691 6238 6590 7203 10598
61		5610 5691 6590
62		7244 10157
63		
64		
65		3431
66		
67		
68		3589
69		3417 7065
70		
71		
72		4367
73		4442 7888
74		
75		
76		
77		
78		6008 6483 8037
437		4693 9122 9986

N.° D'ORDRE des Instruct.	NUMÉROS DES INSTRUCTIONS.	ARTICLES DU JOURNAL.
438	534 754 910 1091 1256 § 11 1429	5416 6437 6438
439		
440		3624 3674
441		
442	633 868	3333
443	510 § 5 518 607 *a* 1433	4662 7276 8568
444	567 *b c* 670 815	3349 3550 3717 4494 4541 4610 4695 5220 5635 6411 9091
445	986 1159 1420	4559
446		
447	886 1477	4321 4676
448	696 835 § 7	
449		
450	1132 § 10	7144 7383 7593 8118 8701 8831 8953 9125
451	1113 1446 § 9	6081 7197
452		3394 3442 3968 4347
453		3952
454	480 1003 1051 § 7 1099 1132 § 16 1205 § 15 1236 § 11 et 12 1370 § 9 1481 § 17	3536 4133 4685 5272 6195 7275 7874 8078 8463 8672 8860 9007 9934 10228
455	989	

a C. A. du 23 septembre 1809 | *c* C. A. du 31 mars 1812.
b C. A. du 1 décembre 1809. |

N. D'ORDRE. des Instruct.	NUMÉROS DES INSTRUCTIONS.	ARTICLES DU JOURNAL.
456	464	6219
457	612 643 *a b*	5174
458	1050 1090 1313 1434 1496	8380
459		
460	1204 § 7	3808 8017 8254 8879
461		3540
462		3490 3692 3813 4176 4746 4861 6887 8019 8485 9094
463	1132 § 6 1307 § 4 1320 § 4	3565 3670 4292 4966 5904 7401 9355 9808 10410
464		3703 8848 7157
465		
466		
467	529 1203 § 1	
468		6008 10547
469		
470	495 1150 § 9	5145
471	528 540	4184 4209 4230 7315
472		
473		
474		6629
475		3824
476		3912 6942 7506 9153
477	*c d*	

a C. A. du 8 août 1810.   *c* C. A. du 13 septembre 1810
b C. A. du 28 septembre 1812   *d* C. C. n. 14.

N. D'ORDRE des Instruct.	NUMÉROS DES INSTRUCTIONS.	ARTICLES DU JOURNAL.
478	510 § 6 589 *a*	4308 5736 7230
479	*b c* 709 780 843 914 1182 1395	3660 4330
480	*d*	3708
481	1113	6429 7576 8909
482	1150 § 13	8175
483		
484	809	2735 3920 4039 6566 7541 *bis* 9040
485		
486		
487		10611
488		5671 10110
489		
490	544 545 563 *e f g*	
491	548 851 1189 § 6	4263 4582 5134 6514 7006 7499 7763 8519 9086
492		
493	*h*	3822 4298 9905
494	530 547 619 665 *i* 1117 1433 *j*	4439 4500 4656 6096 6492 7386 8402 10665
495	809 1249 § 9	4565 5114 8507 8974 9703 10145

a C. C. n. 31.
b C. A. du 21 juin 1814.
c C. A. du 28 août 1814.
d C. A. du 1 octobre 1810.
e C. A. du 19 août 1811.

f C. A. du 28 septembre 1811
g C. A du 9 avril 1813.
h C. A. du 10 mai 1811.
i C. A. du 17 septembre 1812
j C. C. n. 3.

N. D'ORDRE des Instruct.	NUMÉROS DES INSTRUCTIONS.	ARTICLES DU JOURNAL.
496	529 543 *a* 570 887 1184 1472	
497		7783
498	*b*	
499		7913
500	1082	4777 6933 7104 7173 7366
501		
502		
503	529 564 622 *c* 738	
504	941 1210 § 14 1362	4937 4969 6233 7252 7303 7578 7826 8672
505		4240 6332 6741
506	510 § 5 518 600	3907 5369
507		3812
508	564 567 568 736	4060 4358 4999 5369 8517
509	1226	4165 5687 7024 8947 9039
510	518 528 557 564 600 *d* 813 *e*	3907 3915 4308 4627 4853 5257 5665
511	570 631 701 732	4409
512	860 933	3971 4258 7082 7422 7638
513	595	
514	536 553 564 617	4001

a C. A. du 20 juillet 1811.   *d* C. A. du 26 août 1813.
b C. A. du 19 juin 1813.   *e* C. A. du 14 décembre 1812
c C. A. du 14 mars 1814.

N.º D'ORDRE des Instruct.	NUMÉROS DES INSTRUCTIONS.	ARTICLES DU JOURNAL.
515		
516	1336 § 4	
517	552 1407 1488	8782 8804
518	528 557 600 632 a	3907 4085 5459 5670 7160 8576 9003 9086 9855 11122
519	564 569 b	7117 7440 7527
520	747 1446 § 6	3817 3888 4967 7717 8592 8905
521		6838 7515 bis
522	1389	
523	578 646 732 1297	6131
524	543 611 887	
525	549	8025 9901
526		
527		7818
528	540	4209 7695
529	564 622 c 738	
530	547 665 1046	7386 8402
531	538 551 554 557 560 592 594 627 632 639 659 d e 911 951 1004 1036 1042 1050 1051 § 6 1195 1274 1295 1404 1417	4053 4085 4402 5186 5589 6028 6502 7168 7199 7285 7314 7447 7544 7670 7994 8150 8199 8689

a C. A. du 4 juin 1812.
b C. A. du 25 juin 1812.
c C. A. du 14 mars 1814.
d C. A. du 16 novembre 1811
e C. A. du 5 octobre 1812.

N. D'ORDRE des instruct.	NUMÉROS DES INSTRUCTIONS.	ARTICLES DU JOURNAL.
532		
533		4862
534	1256 § 11	
535	559	
536	617	4094
1		
2		
537	549 613 1272 § 4	6062 8025
538	560 627	4053
539	644	4975 9809
540		6906
541		
542		
543	578 588 1369 a	
1		7736
2		4592 7135
3	616	6117
4		
544	563 b c	
545		
546	d	
547		4172 7386 8402 8724 10294 11120
548	648	10980
1		6381
2		7529 8275
3		6082 7216
4		7029 7069 8428 8601

a C. C. n. 14.   c C. A. du 7 septembre 1813.
b C. A. du 9 avril 1813.   d C. C. n. 31.

N. D'ORDRE des Instruct.	NUMÉROS DES INSTRUCTIONS.	ARTICLES DU JOURNAL.
5		
6		11044
7		4566 4582 7499
549		
550	577	4885 7919
551	567 *a* 847 1195	4309
552	1301 1407 1488	4321
553		
1		
2	617	4460
554	567 651 1203 § 2	
555		
556		
557	1265 § 7	4853 5257 5655 9065 9074 9130
558		6415
559		
560		
561		6821 8348
562	918	
563	*b*	4249
564	622 *c* 738	
565	1291 1399	
566	1210 § 10	7395 7753 7819 8427 8671 9110
567	622 651 *c* 652	4307 4309 4494
568		8081 8517
569		

a C. A. du 5 octobre 1812.   *c* C. A. du 14 mars 1814.
b C. A. du 9 avril 1813.

N. D'ORDRE des Instruct.	NUMÉROS DES INSTRUCTIONS.	ARTICLES DU JOURNAL.
570	581 611 631 887 921	4635
571		6701
572		10384 10496
573	576 1249 § 9	4565 5182 6653 7445 8974
574		4507 6068 6277 6359 6622 7516 8398 9060
575		7166 7701
576	1249 § 9	4565 6345 6653 7445 8974
577		9086
578		
579	779	
580		4389 4469
581	774 887 921	4635
582	895	
583		
584		
585	598	
586		
587		
588		
589	792	6124
590	1008 1106	5684 5739 7193
591		8049
592		
593	647	
594		
595		
596		5386
597		

N. D'ORDRE des Instruct.	NUMÉROS DES INSTRUCTIONS.	ARTICLES DU JOURNAL.
598		4389
599		5216
600	750 1131 1299	4353 5734 7748 9086
601	646	
602	834 1473 § 6	
603		5588
604	769 1021	7941
605	638	
606	1029 1252	10522
1		5751 5761 5762 5775 5776 5798 8042 8274
2		
3		
4		
5		
6		
7		6297 7306 7612
8		
9		
10		4419 7352 7439 7458 7519 7642 8022 8247
11		
12		
607	951 1358 *a*	8385
608	1303 § 11	7459 7569 9484
609		
610		
611	*b* 722	
612		

a C. C. n. 24. | *b* C. A. du 21 juin 1814.

N. D'ORDRE des Instruct.	NUMÉROS DES INSTRUCTIONS.	ARTICLES DU JOURNAL.
1		
2		
613	953 § 2	
614		
615		
616	957	
617	632 1339	6947 7521
618	1425 § 4	6773
619		
620		4457 6445 6945 10481 11123
621		4626 7241 7374
622	*a* 692	
623	624 670 811 975 1284 1314	4675
624	670 811 829 975 1284 1314	
625	835	
626		
627	632 639 1036	
628		6315 7843 9616
629		
630	*b c d* 709 718 *e*	8481
631		4635
632	639 911	
633	868	
634		8553
635		5162
636	867 1232 1406	4646 9487 10329

a C. A. du 14 mars 1814.　　*d* C. A. du 27 novembre 1813
b C. A. des 10 20 25 avril 1813　*e* C. A. du 30 novembre 1813
c C. A. des 6 12 juillet 1813.

N. D'ORDRE des Instruct.	NUMÉROS DES INSTRUCTIONS.	ARTICLES DU JOURNAL.
637	1261	4947 5926 8762 10964
638	*a*	
639	911 951	6340 7714 8199
640		
641		
642	*b* 1450 *c*	
643	1001	
644		4975 7887
645	1347 § 8	9711
646		
647		7387 8623
648		7727
649	902	4818 7828
650		
651	1222	
652	1259	6247 6519 6883 7160
653	928 969 1275	6326 7482 8227 9243 10038
654		
655	1046	6404
656	1229 § 1	8785 9385
657	743 1030 1293 § 3	5350 6305 6722 7120 7309 8110 8471 11219 11250
658		5535 6686 7167 8021
659	*d* 1068 1087 1481 § 15	4766 7076 7124 7433 7459 7674 9298 9740 10338 10646 11075

a C. A. du 14 juin 1813.   *c* C. A. du 19 septembre 1814.
b C. A. du 31 août 1813.   *d* C. A. du 25 mai 1814.

N. D'ORDRE des Instruct.	NUMÉROS DES INSTRUCTIONS.	ARTICLES DU JOURNAL.
660		
661		7194
662	956	5661 7368
663	669 1218	
664	700	
665	699 745 812 1016 § 2 1108 1244 1280 § 1	5999 6726 7561 8080
666	721 1322	7211 7440 7497
667		
668	972 1238 § 1	5689 5881 6324 6597 7475 8403 8809 9521 9954
669	706	5073
670	a 738 804 815 906 1065 b	5108 7545
671	a 1324	5108 5174
672	674 695	5280 5550 6208 7552
673	702	
674		6208
675		
676		
677		
678		
679		
680		
681		
682		
683	694	
684	694	
685	695	

a C. A. du 30 novembre 1815. | *b* C. C. n. 14.

N. D'ORDRE des Instruct.	NUMÉROS DES INSTRUCTIONS.	ARTICLES DU JOURNAL.
686	694	
687		
688	695	
689		
690	*a* 1038	
691	695	
692		
693		
694		
695		
696		5708
697		
698		
699	870	
700	*b*	
701		
702	846	5882
703		
704	930 1107	6272
705	723	8050
706	718	
707	737 836	5376 6463
708	727	
709	718	
710	724 731 772 797 1087	6947
711	742 803 870 939	6718 6929
712	1062	5882
713	717	
714	845	5489 5531 5719 6096 6192 6466 7065 8871 9986

a C. A. du 10 novembre 1815. | *b* C. A. du 26 décembre 1815.

N. D'ORDRE des Instruct.	NUMÉROS DES INSTRUCTIONS.	ARTICLES DU JOURNAL.
715	716 741	8649
716	741 1336 § 4	5518
717	733	
718	756 817 975	
719		5488
720		
721		
722	1343	
723		
724		
725	882	5491 7216 8040 9445
726	768 953 1001 1166 § 12 1195	6028 6270 6872 7317 7356 7569
727		
728		
729		6189 7497
730		
731	834 1343	
732	994	6131
733		
734	745 836 1203 § 2	
735		7240
736	749 792 795	5853 6769 7662 7705 7746 8418 8517 8879
737	761 1010	6141 6147 6920 6921
738	797	
739		6593
740	806 884 886 a	7793

a C. A. du 14 septembre 1829.

N. D'ORDRE des Instruct.	NUMÉROS DES INSTRUCTIONS.	ARTICLES DU JOURNAL.
741		
742	305	6016 6042
743	1030 1417	6150 6305 6722 7120
		7309
744		
745	746 836	
746		7154
747		6100 8905 9129
748		7147 7508 8976 9086
749	764	
750		
751		5882 6941
752	818 1049 1284	
753		
754	785 1091 1429	
755	831	
756	853 § 1 2 et 3	5627 5777 6631
757		
758	765 786 1012 § 2 1097	10465
1	1303 § 3	
2	1303 § 3	
3		6336 6379
4		6466 7250 8849
5		
6		5651 5879 7385 10906
7		7320
8		9258 9713

N. D'ORDRE des Instruct.	NUMÉROS DES INSTRUCTIONS.	ARTICLES DU JOURNAL.
9		5629
759		7975
760		
761	814	5882 5922 5923 6246
762	1187 § 2 1242 1418	5825 6772 8223 8786 10007 10496
763		
764		7200
765	779 1291 1399	7975
766	1173 § 3 1388 § 2	5872 6893 7069 7401 7411 8476 8738 8885 9307
767		6629
768	1166 § 12 1265 § 7 1343	8017
1		6028 7153
2		
3		
4		
5	1399 1457	
6		
7	1340 1362	
769	1227	
770	1064	7474 8061
771		
772		5890 5922
773		
774	a	6563 6691
775		5732 7800
776	1048 1181 1258 1317	

a C. C. n. 11.

N. D'ORDRE des Instruct.	NUMÉROS DES INSTRUCTIONS.	ARTICLES DU JOURNAL.
777	965	
778		
779	1347 § 10	10781
780	789	
781	826	
782		
783		
784		
785	1336 § 12	6890 7451 7776 7983 8972
786	872 890	5876 5951 6101 6119
787	981 1051 § 4	8001
788	886	
789	808 854	
790	810	
791	1361	6208 6866 7080 7224 7448 7551 10522
792	a	6124 7230
793	1186	
794	825 826 855	9745
795	1160	8418
796		
797		6947
798		
799	826 1031	7200
800	826 837	
801	936 1268	6098 6247 6299 6346 11122
802		

a C. C. n. 31.

N. D'ORDRE des Instruct.	NUMÉROS DES INSTRUCTIONS.	ARTICLES DU JOURNAL.
803	899 1290	5249 7469
804		6316
805		6016 6710
806	884	
807		
808	826	
809	1146 § 4 1263 § 3 1347 § 5	1800 1804 *bis* 1810 *bis* 6566 6723 7514 *bis* 7766 7905 9040
810		
811	829 840 991 1065	6629 7490 7687
812	826 963 1049 1280 § 1 1346 1424	
1		
2		7930
813	826 975 1138 1207 1290	7313 8673 9003
814	833 971 § 3 1290	
815	891 906	6098 6411 6750 7160 7365
816		
817		
818	826	
819	821 850 858 874 889 924 975 977	6017 6033 6318 6493 7195
820	946	
821		
822	846 958	

N. D'ORDRE des Instruct.	NUMÉROS DES INSTRUCTIONS.	ARTICLES DU JOURNAL.
823		6117
824		
825	1093 *a*	
826	848	9086
827	1303 § 17 1374	7856
828	850	
829	840	7490 7687
830	978 § 3 1091 1132 § 14 1208 1212 § 1 1429	6051 6343 7391 7524 7845 8634 9455 9482 11074
831	983 § 4	
832	1146 § 3 1263 § 1	8866 9688
1		6152 7102
2		
3		5952 6179 6231 6388 6449 6469 9141
833	919 1065 *b*	
834	844 878 940 1058 1210 § 14 1471	8683 8869
1		
2		6101
3		7808
4		
5		
6		
7		7409
8		
9		

a C. A. du 18 août 1827. | *b* C. C. n. 14.

N. D'ORDRE des Instruct.	NUMÉROS DES INSTRUCTIONS.	ARTICLES DU JOURNAL.
835	843 975 1066	
836	870 891 971 § 4 1105	6144 6147 6821 6929
	1126	
837		
838		
839	1338 art. 4	6991
840	905 938 1084 1153	
841		
842		
843	870	
844	933	6890 9462
845	1066	6109 6524 6884
846	889	
847		
848	1195	
849	1056 1125	
850	874 924 977 1422 § 3	
851	856 1489	10584 11149
852	1134 § 14	7006 7660 9086
853		
1		6172 6214
2		6148
3		
854		
855		
856		
857	880	
858		
859		6249
860	1254	7082

N. D'ORDRE des Instruct.	NUMÉROS DES INSTRUCTIONS.	ARTICLES DU JOURNAL.
861		
862		
863		8330
864		7829 8100
865		
866		
867		10274
868		7651
869	978 § 1 - 993 1007	
870		
871		
872	890	
873		
874		
875		
876	1422 § 1	7424
877		
878	891 894	
879		
880		
881	1176	
882		6373 7216 9445
883	1458 § 3	7999
884	a	7793
885	888	
886		
887	921 1184	
888	1005	
889	896	
890		
891		

a C. A. du 14 septembre 1829.

N. D'ORDRE des Instruct.	NUMÉROS DES INSTRUCTIONS.	ARTICLES DU JOURNAL.
892	1255 1343 1349 1412	7495 10672
893		
894		
895	908 918	8860
896		
897	898	
898	945	
899		6718
900	1303 § 9	6506 6543 7185 7470 7797
901		
902		
903	1150 § 8 1204 § 12 1209 § 1 1229 § 12 1236 § 5 a 1446 § 1	6568 6803 6808 7021 7773 8871 10625 10974 10987
904	940 983 § 4	
1		6765 6913 7808
2		
3		7504
905		
906		7567
907	937 1019	7528
908	918	
909		
910		6599 6745 7398
911	951 967 1065 1295 1417	6963 7544
912	b	
913		6632 6864
914	1182 1395	

a C. C. n. 24.. | b C. A. du 9 juin 1832.

N. D'ORDRE des Instruct.	NUMÉROS DES INSTRUCTIONS.	ARTICLES DU JOURNAL.
915		
916		
917		7988
918	941 1014	7572
919	947 971 § 4 1065 *a*	7176
920	1075	8768
921	1474 *b c*	
922		
923		9265
924	949	6941 7195 7764
925	948 950 975 1043 1240	
926		
927	1402	
928		7482
929	939 967 1013	
930	1040 1130	
931		7508
932	976 1016 § 3 1028	
933		6816 7035 7369 7645
934	1111 1183 1371	
935	944	
936	1044 1268	
937		
938	1038 1153	6799
939		
940		
941		8672

a C. C. n. 14.   *c* C. C. n. 27.
b C. C. n. 3.

N. D'ORDRE des Instruct.	NUMÉROS DES INSTRUCTIONS.	ARTICLES DU JOURNAL.
942		6725
943	1024 1059	8071 9299
944	1366	
945		
946	1284	
947	971 § 4 1065	7176
948		
949		6941
950		
951	1358 1417	
952		
953	1187 § 16 1239 § 2	7013 8213 8757 9835
1		
2		
954		
955	a	
956		7116 7368 7859
957	1065 1275	7217 7427 7482 9091
958		
959		8880
960		
961		
962	967 971 § 2 1009	
963	1154 1280 § 1	
964	1253	
965		
966	1085 b	
967		

a C. A. du 28 novembre 1820 | b C. A. du 23 août 1822.

N. D'ORDRE des Instruct.	NUMÉROS DES INSTRUCTIONS.	ARTICLES DU JOURNAL.
968		
969	988 1275	7482 9243 10038
970		
971	973 974 984 985 1000	7073
	1010 1013 1053 1060	
	1063 1065 1067 1110	
	1116 1126 1149 1171	
	1198 §2 *a b c* 1221 *d e*	
	1358 *f g h* 1493 *i*	
1		6928 6947 7105
2		6920 6921
3		7177
4		6944 6982 7000 7091
		7136 7154 7176 7230
972	1204 §6	7475
973	999	
974		6929
975	991 997 1083 1145	
	1284 1295 1314 1496 *j*	
976	1028	
977		
978		
1		7755 8055
2		
3		8634

a C. C. n. 8.	*f* C. C. n. 24.
b C. C. n. 9.	*g* C. C. n. 29.
c C. C. n. 10.	*h* C. C. n. 36.
d C. C. n. 11.	*i* C. C. n. 3.
e C. C. n. 16.	*j* C. A. du 24 mai 1821.

N. D'ORDRE des Instruct.	NUMÉROS DES INSTRUCTIONS.	ARTICLES DU JOURNAL.
979		
980	1150 § 15	7784 9572
981		
982	1057 1251 § 3 *a* 1459 *b*	7612 10285
983	1136 § 2 1205 § 7	7042 7082 8632
1		7422 7638 7645 8017
2		7163
3		7209 7320
4		7808
984		
985	1013 *c* 1491 1493 *d*	7073
986	1045 1159 1382 1420	
987		7521 7877
988		
989		
990	1013 1015	
991		7490 7687 8651
992		
993	1007	
994	1287	7217 9058
995		8713
996	1008 1134 1284 1351	7693 8337 9752
997	1055 1083 1145 1170	
998		

a C. A. du 17 novembre 1828. | *c* C. C. n. 2.
b C. A. du 28 juillet 1829. | *d* C. C. n. 18.

N. D'ORDRE des Instruct.	NUMÉROS DES INSTRUCTIONS.	ARTICLES DU JOURNAL.
999		
1000	1060 a	
1001	1128 1195 b 1215 1251 § 5	7253 8561 10209
1002	1202	
1003	1014 1041 1099	
1004	1451 § 9	8017 8547 10830
1005	1220 1277	8836
1006		10124
1007		7636
1008	1106	9769
1009	1013	
1010		
1011	1342	
1012	1026	7246 7415 7512 8526 9961 10465 11228
1		9295
2		
1013	1060 1067 1110 1149	
1014	1041 1099	
1015	1032	
1016	1028 1126 c 1060	7130 8080
1		
2		
3		
1017	1042 1060 d	
1		
2		7135 7230 7521

a C. C. n. 16.   c C. A. du 27 janvier 1823.
b C. C. n. 7.   d C. C. n. 10.

N. D'ONDRE des Instruct.	NUMÉROS DES INSTRUCTIONS.	ARTICLES DU JOURNAL.
3		
4		
1018	1115 1202 1352 *a*	9379
1019	1071 1134	
1020	1284	
1021		7336 7944 8382
1022	1372	7953
1023		
1024		7373 9299 10548
1025	1034 1236 § 1	7268 7398 7904 8713 9883
1026	1080 1146 § 7 1189 § 3	7246 7302 8279 8419 8526 9961 10465
1027		9713
1		
2		7472 10042
1028		
1029	1146 § 20 1200 § 27	7306 7612 8284
1030	1293 § 3	7809 7869 8471 9223
1031		
1032		
1033	1303 § 6 1475	7398 9427
1034		7904 8017
1035		7953
1036	1195 1494	7454 7567 8653
1037	1116 *b*	8125

a C. A. du 28 octobre 1834. | *b* C. A. du 29 avril 1833.

N, D'ORDRE des Instruct.	NUMÉROS DES INSTRUCTIONS.	ARTICLES DU JOURNAL.
1038	1084 1095 1153 1211 1234	
1		
2		
1039		7335 8086 10868
1040	1130	
1041	1051 § 7 1099 1132 § 16	8535 8920
1042		
1043		
1044		8576 9855 11122
1045	1159 1233 1382	
1046	1303 § 23	7386 7828 11140
1047	1070 1117 1284	
1048	1181	
1049	1280 § 1 1284	
1050	1187 § 11	9287
1		
2		
1051	1132 § 16 1206 1231 § 3	
1		
2		
3		
4	1054	8001
5		8001
6		
7		
1052		
1053	a	

a C. C. n. 29.

N. D'ORDRE des Instruct.	NUMÉROS DES INSTRUCTIONS.	ARTICLES DU JOURNAL.
1054	1135	
1055		
1056		
1057	1101	7355 7612
1058		7984 8861 10036
1059	1417 1445	8071 9299
1060	1110 1149 *a b* 1480	
1061		
1062	*c*	
1063	1079 1114 1129 1152 1178 *d e f g h c*	
1064		7474 8061
1065	1092 1095 1110 1114 1153 1155 1163 1192 1211 1213 1225 *i* 1267 1276 1279 1339 *j* 1439 1444 1484	7687 7858 8198 8298 8486 8651 8773 9157 9267 9528 9552 9744 10240 11000
1066	1110	
1067		
1068	1133	
1		
2		7459 7569
3		8066
1069		

a C. C. n. 11.	*f* C. C. n. 19.
b C. C. n. 12.	*g* C. C. n. 21.
c C. C. n. 12.	*h* C. C. n. 32.
d C. C. n. 4.	*i* C. C. n. 14.
e C. C. n. 6.	*j* C. C. n. 18.

N. D'ORDRE des Instruct.	NUMÉROS DES INSTRUCTIONS.	ARTICLES DU JOURNAL.
1070	1119	
1071	1078 1134	
1072		
1073	1124	9566
1074		
1075		8768 10456
1076		
1077		7574
1078		
1079	1129 *a b c d* 1480 *e*	
1080		10085 10877
1081	1088	10793
1082		10254 10284 10793
1083		10793
1084	1095 1153 1163	10793
1		
2		
1085	*f*	
1086		
1		7485 9504
2		
1087		9231
1088		
1089		7544 7729 10117
1	1347 § 15	
2	1347 § 15	
3		

a C. C. n. 12.   *d* C. C. n. 28.
b C. C. n. 19.   *e* C. C. n. 4.
c C. C. n. 21.   *f* C. A. du 19 janvier 1830.

N. D'ORDRE des Instruct.	NUMÉROS DES INSTRUCTIONS.	ARTICLES DU JOURNAL.
1090	1313	7837 8380
1091	1434	
1092	1110 1163 1439	7633 8297
1093	*a*	
1094		
1		
2		
1095	1153 1211	
1096	1114	
1097		7616 8701 8978 9531 9662
1098	1127	8638
1099	1132 § 16 1156 § 11	10436
1	1236 § 10	7874
2		
1100	1301	
1101	1251 § 3 1252 1459	7612 7720 10219
1102	1271	7837
1103		
1104		9897
1		
2		9650
1105		
1106	1173 § 12 1249 § 12	9711 10181
1		
2		8723
1107		
1108	1110 1244	8080

a C. A. du 18 août 1827.

N° D'ORDRE des Instruct.	NUMÉROS DES INSTRUCTIONS.	ARTICLES DU JOURNAL.
1109	1149 1163 1276	8297
1110	1149 *a b*	
1111		
1112		
1113	1156 § 6 1256 § 4	8556 8577 8791 9439 9606
1	1381 § 5 1401 § 4	7605 8163 10011
2		
1114	1151	
1115	*c*	
1116	1149 *d*	
1117	1318 art. 14	
1118	1203 § 1 1373 1407	7653 8052 8445 8782
1119	1132	
1120		
1121	1446 § 1	10241 10761 11056 11130
1122	1188 1198 § 2 1307 § 15 1318 art. 10 1351 1394 1417	7903 8796 8896 9091
1123	1140 § 1 1199 1361 1477	
1124		9566
1125	1262	
1126	1149 1244 1280 § 1 *d*	
1127		

a C. C. n. 11.   *c* C. A. du 28 octobre 1834.
b C. C. n. 12.   *d* C. C. n. 3.

N. D'ORDRE des Instruct.	NUMÉROS DES INSTRUCTIONS.	ARTICLES DU JOURNAL.
1128	1164	
1129		
1130		
1131	1168 1299 1456	7748 7849 7867
1132	1200 § 5	8771
1		10068
2	1236 § 2	8730 9101 9869
3	1132 § 15	9150 10964
4		9177 9545
5	1146 § 6 1156 § 3 1270 § 1 1467 § 1	7754 7861 8544
6	1166 § 6 1187 § 6 1189 § 2 1272 § 5	8487 8777 9069 9386 11103
7		7760 9176 10908
8		
9		
10		7973 9125 10676 10804
11		
12		
13	1210 § 13	8617
14	1180 § 8	7843 8634 8732 9482
15		10964
16	1236 § 12	8707 9645
1133		
1134		
1135	1139 1142 1143 1148	7756 7770
1136	1156 1242 1441	8303 8403 8631 8816 8838 9049 10776

N. D'ORDRE des Instruct.	NUMÉROS DES INSTRUCTIONS.	ARTICLES DU JOURNAL.
1		
2		8109
3		7820 7979 8189 8202
4		
5		9786
6		
7		7831 8035 9020
8		
9		
10		7847 7901 7991
11		
12		
13		7842
14		
15		7976
16		8140
1137	1279	
1138	1168 1207 1234 1299	
1139	1143 1148	7770
1140	1199 1247	
1		
2		8021
1141		
1142	1143	7770
1		
2		
3		
1143	1148	7770
1144		
1145		
1146	1270	

N. D'ORDRE des Instruct.	NUMÉROS DES INSTRUCTIONS.	ARTICLES DU JOURNAL.
1		
2	1205 § 2	
3	1249 § 7 1263 § 1	10912
4	1263 § 3 1347 § 5	
5	1200 § 4	10912
6		7852 8321 8515 8737 9899
7		
8	1425 § 7	11204
9	1146 § 18	
10		
11	1146 § 16	
12		8075
13	1146 § 15	9697
14		
15		10571
16	1370 § 2	
17	1293 § 20 1303 § 25	
18		
19		
20		9067
1147	1385	
1		
2		
1148		
1149		
1150	1200 § 9	9320
1		
2	1200 § 21	8392 8677
3		9770

N. D'ORDRE des Instruct.	NUMÉROS DES INSTRUCTIONS.	ARTICLES DU JOURNAL.
4		
5	1205 § 6 1303 § 7	8390 8806
6		
7	1236 § 4	8887
8	1173 § 11 1205 § 9 1236 § 5 1446 § 1	8569 8687 8693 10987
9		
10		
11	1156 § 8	9515
12		
13		
14	1437 § 16	8621
15		
16		7899
17	1285 1415 1490 § 14	7976 10283
1151	1157 1172 1188 1195 1248 1284 1395 ab 1444	7939 8062 8128 8735 8916 8930
1152	c	
1153	1163 1211 1234 1339 d 1479 1480	9552
1154	1280 § 1 1424	
1155		
1156	1166 § 7 1270	
1	1210 § 1	8667 9709
2	1166 § 7 1187 § 2 1256 § 3 1418	8223 9925

a C. C. n. 25.
b C. C. n. 29.

c C. C. n. 6.
d C. C. n. 24.

N.º D'ORDRE des Instruct.	NUMÉROS DES INSTRUCTIONS.	ARTICLES DU JOURNAL.
3		
4	1272 § 8	8109 8997
5		
6	1256 § 4 1381 § 5 1401 § 4	8163 8233 8556 9439 10011
7	1180 § 5 1293 § 4 1388 § 5 1432	8077 8670 8739 9060 9181 9286 9684
8		
9	1205 § 4	8357 8410
10		
11	1200 § 22 1236 § 10	8192 8384 10436
12	1303 § 19	9485
13	1249 § 12	8397 9347 10175 10273 10428
14		8051
1157	1188 a 1444	9575 9827
1158	1165 1176 1185 1194 1218 1228 1244	7967 8043 8063 8080 8145
1159	1382	8869
1		
2		
1160		
1161	b 1229 § 7 1291 c	8012 8057 8096 8100 8106 8116 8124 8133 8145 8155 8179 8182 8183 8190 8196

a C. C. n. 24.
b C. A. du 7 juin 1825.
c C. A. du 22 juin 1835.

17

N. D'ORDRE des Instruct.	NUMÉROS DES INSTRUCTIONS.	ARTICLES DU JOURNAL.
1162	*a b*	8629 11241
1163	1276	8297 10240
1164	1168 1174 1215	8101 8122 8130 8134
		8153 8180 8181
1165		
1		
2		8145
1166	1189 § 2 1200 § 5	8433
1		
2		7974
3	1166 § 7	7995 8567
4		7998 9958
5	1166 § 19	
6	1272 § 5	8351 8942 9386 11103
7	1229 § 4 1249 § 14	10827
8	1200 § 12 1263 § 4	8233 8893
9		
10		
11		
12		
13		
14	1189 § 9	8303
15		7897 9667 10443
16		
17	1200 § 26 1236 § 13 1282 § 1	
18	1467 § 12 1490 § 3	

a C. A. du 7 juin 1825. | *b* C. A. du 26 mai 1827.

N. D'ordre des Instruct.	NUMÉROS DES INSTRUCTIONS.	ARTICLES DU JOURNAL.
19		
20		
1167		
1168		
1169		
1170	1178 1196	
1171	1201 1491	11244
1172	a	
1173	1200 § 9	8816
1	1249 § 3	
2	1249 § 5	
3	1173 § 5	8885
4	1236 § 4	
5		
6		8351
7		
8		
9	1249 § 2	
10		10343
11		8569 8687
12		9017 9908
13		8787 8953 9844
14	1189 § 12 1256 § 12	9793 11140 11263
1174		8181
1		
2		
3		
1175		
1176		
1177		
1178	1196	

a C. C. n. 3.

N. D'ORDRE des Instruct.	NUMÉROS DES INSTRUCTIONS.	ARTICLES DU JOURNAL.
1179		
1180		
1	1320 § 1	9585
2	1180 § 12 1209 § 1 et 3 1216 § 10	8671
3	1320 § 2	9586
4	1388 § 8	8600
5		8670 8739 9060
6	1303 § 10	
7		8706
8		8634 8732 11074
9		8957
10	1189 § 10	8323 9086
11		8261
12		
13	1467 § 11	
1181	1186 a 1224 1289 1317 1419 1440 1466	8714
1182		
1183	1374	
1		
2		
3		
4		
5		
1184	1197 a b 1380 1472	9873
1185		
1186	a 1224 1289 1317	

a C. C. n. 8. | b C. A. du 18 mai 1827.

N. D'ORDRE des Instruct.	NUMÉROS DES INSTRUCTIONS.	ARTICLES DU JOURNAL.
1187		9098
1		10425
2		
3		
4	1205 § 6 1303 § 7 1336 § 5	8448 8806
5	1205 § 14	8609
6	1293 § 4	9681
7	1200 § 15 1272 § 3 1320 § 6	
8	1293 § 5	
9	1437	9031 9306
10		
11		
12		8700 10598
13		
14		
15		8820 9560 10284
16	1239 § 2	9835
17	1200 § 24	8250 8412
1188	1194 1198 § 1 1308 art. 10 1351 1372 1394	
1189	1256 § 9 et 12	8552
1		
2		9386
3		10465
4		
5	1229 § 3	8824 9113
6	1236 § 6	8444 8519 9759
7	1303 § 10	

N. D'ORDRE des Instruct.	NUMÉROS DES INSTRUCTIONS.	ARTICLES DU JOURNAL.
8		
9		
10		9086
11		11139
12	1347 § 13	9793 11263
13		
14		9472
1190	1210 §7 1242 1291 1418	8636 8754 8786 9938
		10007
1191		
1		
2		
1192		
1193		
1194	1198 § 2	
1195	a 1237 1404 1409 1494	8561 10209
1		
2		
1196		
1197	a 1380 1472	10282
1198		
1		
2	1221	
1199	1247	8949
1		
2		
1200	b	
1		
2	1256 § 2	9083
3		8801
4		
a C. C. n. 8.		b C. C. n. 14.

N. D'ORDRE des Instruct.	NUMÉROS DES INSTRUCTIONS.	ARTICLES DU JOURNAL.
5	1272 § 5	8777 11103
6		
7		
8		
9	1236 § 4	
10	1204 § 7 1249 § 8 1307 § 3	8736 8857 9473 10342
11	1200 § 28	
12	1263 § 4	8600 8893
13		
14		
15	1354 § 6 1422 § 8 1437 § 11	9801
16		
17	1388 § 7	8787 8815 9268 11171
18	1293 § 12	
19	1303 § 4	
20	1236 § 7	8630
21		8677
22		10436
23		
24		8412
25		
26	1236 § 13	
27		9067
28		
29		
1201		
1202	1226	
1203	1235 1275 1350 a b	8790 9114
1	1290	

a C. C. n. 26. | b C. A. du 2 novembre 1832.

N. D'ORDRE des Instruct.	NUMÉROS DES INSTRUCTIONS.	ARTICLES DU JOURNAL.
2	1222	
1204		
1		
2		
3		8832
4		8658 9117
5	1236 § 4	
6		8631
7		10636
8		
9		
10		
11	1236 § 11	8860
12	1229 § 12 1282 § 1 1398 § 1 1446 § 1	10241 10761 11056
1205		
1		
2		
3		
4		
5		
6	1249 § 10 1303 § 7 1354 § 2	
7		
8		
9	1236 § 5	
10	1282 § 8 1410 § 5	9319 9440 9447
11	1263 § 1	
12	1388 § 8	10743 10791 10824 11074

N. D'ORDRE des Instruct.	NUMÉROS DES INSTRUCTIONS	ARTICLES DU JOURNAL
13		9213
14	1205 § 17 et 18 1210 § 9 1307 § 12 1385 1467 § 7	9152 9268 9323 9517 9912 10247
15	1236 § 11	10228 11131
16		
17	1219 § 11 1236 § 13	
18		
1206	1231 § 3	
1207	1299	
1208		
1209		
1	1236 § 6	9536 10287
2	1256 § 5 1333 § 2	9593
3		
1210		
1	1336 § 1	9709
2		9911
3		8625
4		8553
5		8656
6	1388 § 5	
7		8636
8		
9	1307 § 12 1385 1467 § 7	9268 9323 9517
10	1229 § 11	
11		9809
12		
13	1272 § 8 1422 § 13	9227
14	1231 § 1	8672

N. D'ORDRE des instruct.	NUMÉROS DES INSTRUCTIONS.	ARTICLES DU JOURNAL.
15		
16		
1211	1245 1269	
1212		
1		
2		
1213		9855
1214	1256 § 11	9815
1		
2	1367	
1215		
1216	a 1230 b 1243 c	9017
1217	a c 1469	9843
1218		
1219		
1	1458 § 5	
2		
3		8756
4		9095 9319 9440 9447
5	1263 § 6	9116
6		8711
7		
8		8789
9		
10		8652
11	1236 § 13	
1220	1292	
1221		
1222	d e	

a C. C. n. 11.   d C. C. n. 26.
b C. A. du 10 avril 1828.   e C. A. du 2 novembre 1832
c C. C. n. 13.

N. D'ORDRE des Instruct.	NUMÉROS DES INSTRUCTIONS.	ARTICLES DU JOURNAL.
1223		
1224	1289 1317	
1225		
1226	1352 1441	8947 9039 9331 9702 10601
1227	1315 1340 1362 1399 1457	8872
1228		
1229		
1	1410 § 11	8785 8889 9385 10987 11190
2		8845 11063
3		8824
4	1282 § 6	
5		8833
6		8776
7		8870
8		8788
9		8840 9189 9310 10029 10737 11218
10		
11	1370 § 7	9160 10747 11048
12	1236 § 5 1282 § 1 1303 § 12 1307 § 2 1354 § 9 et 10 1401 § 7 1422 § 12	8687 9090 9204 9328 9333 10016 10532
13		8817
1230	a 1243 b 1469	
1231		
1		
2		10686
3	1401 § 9	10239 11166

a C. A. du 10 avril 1828.   b C. C. n. 13.

N. D'ORDRE des Instruct.	NUMÉROS DES INSTRUCTIONS.	ARTICLES DU JOURNAL.
1232	1406	
1233		
1234		
1235	1290	9114
1236	a	9487
1		8869
2	1320 § 3.	8891 9101 9363 9473 9513 9563 9869 10636 10276 11267
3		8866
4	1388 § 7	8887
5	1236 § 15 1307 § 2	8693 9204 9328 10352 10895
6	1256 § 5	8908
7	1467 § 8	8888
8		8926
9		8828 8928
10		10436
11		8860
12		
13	1249 § 14 1481 § 19	
14	1481 § 20	
15		8904
1237	b 1494	
1238		
1		9002
2	1377	9433 9521
1239	1273 1307 § 14 c	

a C. C. n. 14.   c C. C. n. 31.
b C. C. n. 34.

N. D'ORDRE des Instruct.	NUMÉROS DES INSTRUCTIONS.	ARTICLES DU JOURNAL.
1	1286 1398 § 5 1425 § 10	10641
2		9835
1240	a 1299	
1241	b	
1242	1418	9294 9430 9715 10007
1243	1280 § 2	
1244	a c d 1368 1405 e	
1245		
1246		
1247		
1248	ó	
1249		
1	1303 § 16 1460	8927 9289 10109 10281
2		
3		8816 8921 9920
4		8931
5		
6		9012 9163
7	1263 § 1	8994 10912
8	1307 § 3	9473
9		8974
10		8940
11	1320 § 11	
12		10175 10273 10428

a C. C. n. 13.   d C. C. n. 15.
b C. A. du 13 octobre 1830.   e C. C. n. 36.
c C. C. n. 14.

N. D'ORDRE des Instruct.	NUMÉROS DES INSTRUCTIONS.	ARTICLES DU JOURNAL.
13		8976
14	1481 § 19	
15		9026
1250		
1		
2		
1251	1265 1294	
1	1257	
2		
3	*a*	8987 9087
4		9047
5	1257 1265 § 4	9145
1252		10026 11051
1253		
1254		
1255	1343 1349 1412	6832 10672
1256	1422 § 7	
1		9036
2		9083
3		9035
4	1272 § 4	8791 9043 9439
5	1333 § 2 1388 § 4 1446 § 1	9053 9311 9374 9414 9694
6		
7	1336 § 9 1428	9033 9307 9701 9940 10569 10590
8		
9	1401 § 5	9070 9759 10148

a C. A. du 28 juillet 1829.

N. d'ordre des Instruct.	NUMÉROS DES INSTRUCTIONS.	ARTICLES DU JOURNAL.
10		9048
11		9064
12		9561
13		
1257	a	
1258	1317	
1259	b 1310	
1260		
1261	1293 § 2 1354 § 13 1408	9150 9377 9394 9792
	1422 § 4 1482	9949 10964 11071
1		
2		
3		
1262		
1263		
1		9141
2		9162
3		
4		9104
5		9140
6	1422 § 14	9116 9312 10536
7	1303 § 21	7572
8		9107
1264	1306	
1265		
1	1294 § 5 1473 § 1	9172
2		
3	1294 § 3	9144
4		9145
5	1294 § 2	

a C. C. n. 16. | b C. C. n. 14.

N. D'ORDRE des Instruct.	NUMÉROS DES INSTRUCTIONS.	ARTICLES DU JOURNAL.
6		10661
7		9130
1266	*a*	
1267		
1268		
1269		
1270	1272 § 7 et 13 1410 § 5 1467 § 1	8919 9038 9105 9270 9308 9319 9440 9447 9704 9722 9734 9838 9899
1271		
1272		
1		9138 9817 11187
2		9178
3	1401 § 5 1422 § 7	9134 10321 10499 11053
4		9195
5	1398 § 2	9202 11103
6	1347 § 2	9168 9353 10421
7		9038
8		9203
9		
10		
11		9120 9170
12	1370 § 6	9185
13		9105
14		
15		
16		

a C. C. n. 15.

N. D'ORDRE des Instruct.	NUMÉROS DES INSTRUCTIONS.	ARTICLES DU JOURNAL.
17	1410 § 12	9173
18		
19	1293 § 9	
20		
21		
22		
23		
1273	1286 *a*	
1274		9245
1275	*b* 1375 *c d* 1426	9243 10012 10038
1276	1301 1326 1389	9326
1277	1289 1296 1371	9407
1278		11120
1279	1305 1316	
1280	1351 1368 1392 1405 1424 1464	
1	1280 § 2	
2	1346	
1281	1284	
1282		11130
1		9290 9396 9495
2		9244
3		9214 9450 9637
4		9246
5		9297

a C. C. n. 31.   *c* C. C. n. 26.
b C. C. n. 15.   *d* C. A. du 2 novembre 1832.

N. D'ORDRE des Instruct.	NUMÉROS DES INSTRUCTIONS.	ARTICLES DU JOURNAL.
6		9264
7	1388 § 5	9215
8	1410 § 5	9272
9		9902 10958
10	1481 § 1	
11		9263
12		9302
13		10174 10757
14		
15		
16		
17		
1283	1324	
1284	1285 1295 a b 1427 1459 c 1496	
1285	1415	
1286	1307 § 14 d	9537
1287		9058
1288		
1289	1317	
1290		9114
1291	1381 § 3 1399	
1292	1411	
1293		
1		
2	1354 § 13 1482	9377 9394 9792 9949
3		
4	1303 § 8 1432	9271 9305 9579 9681 9862

a C. A. du 15 mai 1830.　　　c C. A. du 28 juillet 1829.
b C. A. du 22 février 1831.　　d C. C. n. 31.

N. D'ORDRE des Instruct.	NUMÉROS DES INSTRUCTIONS.	ARTICLES DU JOURNAL.
5		9275
6		9269
7		10528 10802
8		9358
9		
10		9310
11		9340
12		8998 9321
13		
14		
15		
16		
17		
18		9325
19		
20	1303 § 25	9402
1294		
1		
2		
3		
4		
5	1473 § 1	
1295		
1296		
1297		
1298		
1299	a 1315 1378 1397 1401 § 6 1409 1455 1456	9434 10778
1300		
1301	1326	
1302	1406	9487 9575 9647 10178 10408

a C. C. n. 16.

N. D'ORDRE des Instruct.	NUMÉROS DES INSTRUCTIONS.	ARTICLES DU JOURNAL.
1303	*a*	
1	1370 § 1 1448	9928
2		9483
3	*b*	
4		9403
5		9405
6		9427
7	1307 § 5 1336 § 5	9383 10918
8	1303 § 25	9478
9	1458 § 6	9395
10		
11	1354 § 8	9484 10964
12	1401 § 7 1410 § 11	9419 10987 11190
13		9438 10351 10973
14		9330
15		
16	1460	9289 9688 10109 10281
17		9468
18		
19		9485
20		9380
21	1388 § 11	
22		
23		9420
24	1487	8881 9410
25	1336 § 15 1446 § 15 1473 § 8	

a C. C. n. 28.   *b* C. C. n. 24.

N. D'ORDRE des Instruct.	NUMÉROS DES INSTRUCTIONS.	ARTICLES DU JOURNAL.
1304	1318 art. 37 1351 art. 29	
1305	1316	
1		
2		
1306		
1307	*a*	11082
1		9505
2		10016
3		9473
4	1320 § 4	9488 11224
5	1388 § 3	9475
6		9526
7		9489
8	1425 § 7 1451 § 3	9534 9924 10377 10478 10552 11201
9		
10		9467
11		9525
12	1385 1467 § 7	9323 9517 10247
13		9533 10502
14	1391 1398 § 5	9537 10134
15		
1308	1334 1390	9354 9528 9529 9670
1309		
1310		
1311		
1312		
1313	1434	6872

a C. C. n. 31.

N. D'ORDRE des Instruct.	NUMÉROS DES INSTRUCTIONS.			ARTICLES DU JOURNAL.
1314	*a*			
1315				9541
1316				
1317	1356	1376		
1318	133	1353	1466	
1				
2				
3				
4				
5				
6				
7				
8				
9				
10				
11				
12				
13				
14				
15				
16				
17				
18				
19				
20				
21				
22				
23	1385			
24				
25				
26				

a C. C. n. 18.

N. D'ORDRE des Instruct.	NUMÉROS DES INSTRUCTIONS.	ARTICLES DU JOURNAL.
27		
28		
29		
30		
31		
32	1330	
33		
34		
35		
36		
37		
38	1323 1416	
39	1330 1363	
40		
1319		
1320		
1		9585
2	1422 § 19	9586 9838 11043 11135
3		9513
4		9587 10410 11224 11257
5	1437	9590 9595
6		9581 11005
7	1388 § 12	9567
8		9558
9		9569 9814 10280
10	1347 § 1	9536 10336
11		
12		9630
1321		
1322		

N, D'ORDRE des Instruct.	NUMÉROS DES INSTRUCTIONS.	ARTICLES DU JOURNAL.
1323		
1324		
1325		
1326		
1327		
1328	*a*	
1329		9748
1330		
1331	1364	
1332	*b* 1354 1481 § 10	9865 11259
1333	1388 § 4	
1	1333 § 2	
2	1381 § 2 1422 § 12	
1334	1390	
1335		
1336		10587
1		9721
2		9633
3		9709
4		
5	1401 § 3	10646 10918
6		9634
7		
8		9676
9	1428	9940 10569 10590
10		9660
11		
12		9672
13		9661
14		

a C. C. n. 18. | *b* C. C. n. 17.

N. D'ORDRE des Instruct.	NUMÉROS DES INSTRUCTIONS.	ARTICLES DU JOURNAL.
15		9646
16	1446 § 15 1458 § 1 1473 § 8	
1337		
1338	a 1351 art. 19 1355 1360 1383 1413 § 1 b c	
1339		
1340	1341	9967 10102 11233
1341	1345 d 1348 e	
1342		10936
1343		9837
1344		
1345	1348 e	
1346		
1347		10124
1		9746
2		9353 10421
3	1381 § 3 1425 § 12 1473 § 1	10059 10544
4		9768
5		9757
6		9749
7		9748 11274
8		9711
9		
10		9791 10238
11		

a C. C. n. 17.   d C. C. n. 18.
b C. C. n. 27.   e C. C. n. 22.
c C. A. du 12 février 1833.

N. D'ORDRE des Instruct.	NUMÉROS DES INSTRUCTIONS.	ARTICLES DU JOURNAL.
12		
13		9733 9793
14		9762 10213 10611
15		
16		9826
17	1370 § 12	9760
1348	*a*	
1349	1412 1458 § 4	11263
1350	*a b c*	
1351	1355 1358 1360 1363	
	1368 1383 *d* 1392 *e*	
1		
2		
3		
4		
5		
6		
7		
8		
9		
10		
11		
12		
13		
14		
15		
16	1396	

a C. C. n. 22.   *d* C. C. n. 24.
b C. C. n. 26.   *e* C. C. n. 27.
c C. A. du 2 novembre 1832.

N. D'ORDRE des Instruct.	NUMÉROS DES INSTRUCTIONS.	ARTICLES DU JOURNAL.
17		
18		
19	1385	
20		
21		
22		
23		
24		
25		
26		
27		
28	1413 § 2	
29		
30		
31		
32		
33	1392 1396	
34		
35	1392	
36		
37		
38		
39	1392	
40		
1352	1441	
1353	1358 1430 1466 1476 11122	
1354		
1		9858 10349
2		9313 9881 10918
3		9867
4		9716 9787

N. D'ORDRE des Instruct.	NUMÉROS DES INSTRUCTIONS.	ARTICLES DU JOURNAL.
5	1398 § 3	9896
6	1422 § 8	9801
7		9840
8		9872 10945
9		9886
10		9891 10016
11		9842
12		
13		9792
1355	*a*	
1		
2		
3		
4		
5		
6		
1356	1376 1466	
1357	1359 1422 § 5 1442	9960
1358	1363 *bc* 1406 1409 1413 § 1 *de a* 1421 *fg h i* 1455 1488 *j*	10178 10408
1359		
1360		
1361	1379 1388 § 10 1477	10274 10329
1362	*b* 1448 1454 1485 1492	9946 10005 10109 10852 11143
1363		

a C. A. du 12 février 1833.	*f* C. C. n. 30.
b C. C. n. 23.	*g* C. A. du 26 juillet 1833.
c C. C. n. 25.	*h* C. C. n. 32.
d C. C. n. 27.	*i* C. A. du 9 octobre 1833.
e C. C. n. 28.	*j* C. C. n. 37.

N. D'ORDRE des Instruct.	NUMÉROS DES INSTRUCTIONS.	ARTICLES DU JOURNAL.
1364		
1365	*a*	
1366	*b a c* 1386	
1367	1398 § 4 1399	10191
1368		
1369		10282
1370	*d*	
1	1448	9928
2		9907
3		9969
4		9977
5		9877 10533
6		9895
7		9962
8		9947
9		9934
10		9944 10623
11		9939
12	1381 § 14 1425 § 12 1473 § 8 1481 § 21	9955
13		
14		9959
1371		
1372		10255
1373	1407	
1374		10991
1375	*e* 1426	10038
1376	1466	
1377		10357

a C. C. n. 22. *d* C. C. n. 31.
b C. C. n. 20. *e* C. A. du 2 novembre 1832
c C. C. n. 23.

N. D'ORDRE des Instruct.	NUMÉROS DES INSTRUCTIONS.	ARTICLES DU JOURNAL.
1378	1397 1456	
1379	1388 § 10 1401 § 10	10238 10329
1380	1472	
1381		
1	1410 § 4	10066
2	1388 § 4	10006
3	1425 § 12	10059
4		9998
5	1401 § 4	10011
6		10030 10524
7		10086
8	1384 § 1	10008
9		10035
10		
11		10001
12		
13	1451 § 11 1473 § 8	10137
14	1425 § 12 1473 § 8 1481 § 21	10025
1382		10126
1383	1413 § 1 a	
1384	1403	
1		9854
2		10649 10720 11002
1385		
1386		
1387		
1388		
1	1410 § 3	10083

a C. C. n. 32.

N. D'ORDRE des Instruct.	NUMÉROS DES INSTRUCTIONS.	ARTICLES DU JOURNAL.
2		10141
3		10142 10300
4		
5		
6		10087
7		
8	1481 § 6	
9	1481 § 16	10004 10147
10	1401 § 10	10190 10238
11	1391	10199
12		10098
1389		
1390		
1391	a 1451 § 8	11176
1		10641
2		
1392	1413 § 2	
1393		10291
1394		
1395	b	
1396	b	
1397		
1398	c	
1	1446 § 1 1458 § 1	10241
2		10249 10331 11103
3		10204
4		10191
5		10134
1399	1457 1492	11207

a C. C. n. 31.   c C. C. n. 28.
b C. C. n. 27.

N. D'ORDRE des Instruct.	NUMÉROS DES INSTRUCTIONS.	ARTICLES DU JOURNAL.
1		
2		
3		11221
4		
1400		
1401		
1		10264
2		10353
3	1425 § 6	10316
4		10318
5		10344
6		10288
7	1410 § 11 1422 § 12	10260 10987 11190
8	1422 § 15	10271
9		10239
10	1411	10238
1402		10356
1403		11205
1404		
1405		
1406	1408	9487 10408
1407	1488	
1408		
1409		
1410		
1	1437 § 1	10347 10619
2		
3		10359
4		10066
5		9038 10362 11214
6		10369

N. D'ORDRE des Instruct.	NUMÉROS DES INSTRUCTIONS.	ARTICLES DU JOURNAL.
7		10393
8		10323
9	1437 § 11	10370
10	1414 § 1 1467 § 4 1473 § 1 1490 § 9	10332 10579
11	1422 § 11	10363 10745 10987 11190
12	1437 § 15	9173 10458
13		10337 10929 11261
14		
15		
16		10350
1411		
1412		
1413	a	
1		
2		
1414		
1		
2		10500
3		9477 10440
4		10440
5		10500
1415	1443	10694
1416		10514
1417	1445	11141
1418		10534
1419		
1420		
1321		

a C. C. n. 32.

19

N. d'ordre des Instruct.	NUMÉROS DES INSTRUCTIONS.	ARTICLES DU JOURNAL.
1422		
1		10525
2	1437 § 2	10615
3		10505
4		10526 11071
5	1434	10493
6		10510
7		10499 11053
8	1451 § 11	
9		10531
10		10487
11		10530
12		10532
13	1458 § 2	11204
14		10536 11125
15		10520
16		10451
17		
18		10497
19	1447	
1423	1441 1469	
1424		
1425		11082
1		10568
2		10577
3		
4	1437 § 3 1458 § 4	10669
5		10597 11224
6		10595
7		10552 11201
8		10576
9	1458 § 9	10561 10838

N. D'ORDRE des Instruct.	NUMÉROS DES INSTRUCTIONS.	ARTICLES DU JOURNAL.
10		10641
11		10595
12	1473 § 8 1481 § 21	
1426		
1		
2		
1427	1459	
1428		10590
1429		
1430	1476	
1431		
1432		10518 10750 11118
1433		10373 10665
1434		
1435		10694
1436		
1437		
1		10619
2		10615
3		10689 10896 10905
		11173 11227 11256
4		10629
5	1451 § 3 1467 § 6 et 9	10633 10801
6		10634
7		10652
8	1446 § 4	10632
9		10631
10		10575
11	1467 § 4	10606
12		10656

N.° D'ORDRE des Instruct.	NUMÉROS DES INSTRUCTIONS.	ARTICLES DU JOURNAL.
13		10618
14		10616 11039
15		10647 11251
16		10644
1438		
1439		
1440		
1441	1469	10776 10986
1		
2	1467 § 9	
1442	*a*	10209
1		
2		
1443		11255
1444		
1445	1476	
1446		
1		10762 10987
2		10718
3		10700
4		10738
5		10701
6		10707
7		10699
8	1473 § 5 1490 § 8	10719
9		10688
10	1458 § 2	10717
11		10698
12		10664 11232
13		10775
14		
a C. C. n. 35.		

N. D'ORDRE des Instruct.	NUMÉROS DES INSTRUCTIONS.	ARTICLES DU JOURNAL.
15	1473§8	
1447		11231
1448	a 1484 1485	11042 11144 11263
1449		
1450		
1451		
1		10748
2		10806
3	1467 §6	10811 11201
4		10808
5		10756
6		10799
7		
8		
9		10830
10		10814
11	1473§8	10832
1452	1468	
1453		
1454		10852 11143
1455		
1456		
1457		10922
1458		
1		10853
2		11204 11249
3	1490§5	10851
4		10836
5		10817
6		10847
7		10845

a C. C. n. 35.

N. D'ORDRE des Instrucl.	NUMÉROS DES INSTRUCTIONS.	ARTICLES DU JOURNAL.
8		10890
9		10838
10		10839
11		11075
1459		
1460		11109
1461		
1462		
1463		
1		
2		10984
1464		
1465	1470	
1466		
1467		
1		
2		10971
3		
4		10946
5		10931
6		
7		10338 10933 11031
8		10941
9		
10		10943
11		10948
12		
13		10946
1468		
1469 *a*		
1470		11059 11067 11142

a C. C. n. 36.

N. D'ORDRE des Instruct.	NUMÉROS DES INSTRUCTIONS.	ARTICLES DU JOURNAL.
1		
2		
3		
4		
5		
6		
7		
8		
9		
10		
11		
12		
13		
14		
1471	1473 § 2	11143
1		
2		
1472	a	
1473		
1		10982
2		11021
3		11020
4		10995
5	1490 § 8	11016
6		
7		
8	1481 § 21	11018
1474		
1475		
1476		
1477		
1478		

a C. A. du 15 décembre 1834.

N. D'ORDRE des Instruct.	NUMÉROS DES INSTRUCTIONS.	ARTICLES DU JOURNAL.
1479		
1480		
1581		
1		11095
2		11087
3		
4		11062
5		11088
6		11111
7	1481 § 8	
8		11089
9		11105
10		11060
11		11106
12		11068
13		10928 10970 11083
14		11081
15		11057
16		11090
17		
18		
19		11091
20		11121
21		11117
1482		
1483		
1484	a	
1485		
1486		
1487		
1488		

a C. C. n. 37.

N. D'ORDRE des Instruct.	NUMÉROS DES INSTRUCTIONS.	ARTICLES DU JOURNAL.
1489		11149
1490		
1		
2		11119
3		11147
4		11174
5		10851 11137 11269
6		
7		11175
8		11189
9		11154
10		11145
11		11027
12		11163
13		11185
14		11146
15		
16		
17		11193
1491		
1492		11240
1493		
1494		
1495		
1496		
1497		

N. D'ORDRE des Instruct.	NUMÉROS DES INSTRUCTIONS.	ARTICLES DU JOURNAL.

N. D'ORDRE des Instruct.	NUMÉROS DES INSTRUCTIONS.	ARTICLES DU JOURNAL.

N, D'ORDRE des Instruct.	NUMÉROS DES INSTRUCTIONS.	ARTICLES DU JOURNAL.

N. D'ORDRE des instruct.	NUMÉROS DES INSTRUCTIONS.	ARTICLES DU JOURNAL.

INSTRUCTIONS

N. D'ORDRE des Instruct.	NUMÉROS DES INSTRUCTIONS.	ARTICLES DU JOURNAL.

N. D'ORDRE des Instruct.	NUMÉROS DES INSTRUCTIONS.	ARTICLES DU JOURNAL.

N. D'ORDRE des Instruct.	NUMÉROS DES INSTRUCTIONS.	ARTICLES DU JOURNAL.

N. D'ORDRE des Instruct.	NUMÉROS DES INSTRUCTIONS.	ARTICLES DU JOURNAL.

20

N. D'ORDRE des Instruct.	NUMÉROS DES INSTRUCTIONS.	ARTICLES DU JOURNAL.

N. D'ORDRE des instruct.	NUMÉROS DES INSTRUCTIONS,	ARTICLES DU JOURNAL.

N. D'ORDRE des Instruct.	NUMÉROS DES INSTRUCTIONS.	ARTICLES DU JOURNAL.

CIRCULAIRES
De M. le Directeur général.

DATES des circulaires.	NUMÉROS DES INSTRUCTIONS.	ARTICLES DU JOURNAL.
— AN 10 —		
19 nivôse		
6 pluviôse	*a*	1045
9		
17	407	
11 ventôse	*b*	
21	163	2057
23	54 96 *c d*	
29	*e*	
7 germinal		
9		
7 floréal	58 *f* 151 826	2483 2511
17	68 89 *g* 55 88 93 106	
29	91 97 *h* 101 *i j*	
11 messidor	*k*	
12		
20	68	
21	167 *l*	
26	*m*	

a C. C. n. 16.
b C. A. du 7 germinal an 10
c C. A. du 17 fructidor an 10
d C. A. du 7 frimaire an 11
e C. A. du 3 thermidor an 10
f C. A. du 29 fructidor an 10
g C. A. du 20 messidor an 10
h C. A. du 26 pluviôse an 10
i C. A. du 13 brumaire an 11
j C. A. du 5 thermidor an 10
k C. A. du 28 mars 1808
l C. A. du 18 floréal an 12
m C. A. du 9 thermidor an 10

DATES des circulaires.	NUMÉROS DES INSTRUCTIONS.	ARTICLES DU JOURNAL.
3 thermidor	95 *a b c*	
5	97 *d*	
7		
9	104 *e f*	
12		
16		
17	*g* 80 84 86 *h*	1319
21		
29		
30	*i* 94	2796
12 fructidor	80 84 86	
14	71 98 365	
17	86 *h*	
19	73 104 *f j*	
28	*k*	
29	104 *l*	
30	*m n*	
— AN 11 —		
2 vendémiaire	344 § 1 *o*	
5	104 128	
9	*n*	
13		
13 brumaire	97 101	

a C. A. du 17 thermidor an 11	*i* C. A. du 14 brumaire an 11
b C. A. du 5 thermidor an 13	*j* C. A. du 4 frimaire an 14
c C. A. du 27 février 1807.	*k* C. A. du 14 prairial an 11
d C. A. du 13 brumaire an 11	*l* C. A. du 6 frimaire an 11
e C. A. du 19 fructidor an 10	*m* C. A. du 13 vendémiaire an 11
f C. A. du 5 vendémiaire an 11	*n* C. A. du 17 mars 1806
g C. A. du 12 fructidor an 10	*o* C. A. du 27 février 1808
h C. A. du 7 frimaire an 11	

DATES des circulaires.	NUMÉROS DES INSTRUCTIONS.	ARTICLES DU JOURNAL.
2 pluviôse		3449
3		
13		
20		2506
22	161 *a*	
28		
6 ventôse	623 767	
19	*b*	
20	*c*	
21	*d*	2483 5172
24		1397 1406 2589
28		
3 floréal		
4		
6	161	7520
6 prairial	*e*	3379 5997
7		
14		
16	*f*	
28		
29		2089 2711
2 messidor		1525
3		7520
22		
2 thermidor		3379
8	*g*	
10		

a C. A. du 26 floréal an 11
b C. A. du 3 floréal an 11
c C. A. du 12 floréal an 11
d C. A. du 12 mai 1808

e C. A. du 2 thermidor an 11
f C. A. du 14 vendémiaire an 12
g C. A. du 6 fructidor an 11

DATES des circulaires.	NUMÉROS DES INSTRUCTIONS.	ARTICLES DU JOURNAL.
14 thermidor		
16	*a b*	4408
17	*c*	
22 fructidor	*d e*	
30	329	
— AN 12 —		
8 vendémiaire		
13	975	
14		
15	*f*	
22		2272
5 brumaire		
11		
14	*g*	
24		
26	4048	
27		
29		
6 frimaire		3001
8		
10		7399
14		
18		
22		2069 2559 3270
25		
29		
9 nivôse	*h i*	2528

a C. A. du 5 fructidor an 11
b C. A. du 13 mars 1806
c C. A. du 9 frimaire an 14
d C. A. du 9 nivôse an 12
e C. A. du 29 janvier 1808

f C. A. du 14 germinal an 12
g C. A. du 24 brumaire an 12
h C. A. du 11 floréal an 12
i C. A. du 9 pluviôse an 12

DATES des circulaires.	NUMÉROS DES INSTRUCTIONS.	ARTICLES DU JOURNAL.
22 nivôse		
23		
27		2746
30		
3 pluviôse	a	2611
7		
9	b c	2528
14	d e	
18		
20	334	3408
21	765	1779
24		
2 ventôse		
3		
5	f 365	2222
6		
17	g h i	5966
17 germinal	g j h	
22	k	
24		
11 floréal		2528
12		
18		
24		2254 3470
27		
28		3479

a C. A. du 18 pluviôse an 12   g C. A. du 12 floréal an 12
b C. A. du 11 floréal an 12   h C. A. du 29 messidor an 12
c C. A. du 29 janvier 1808   i C. A. du 12 mars 1806
d C. A. du 17 ventôse an 12   j C. A. du 27 floréal an 12
e C. A. du 24 germinal an 12   k C. A. du 13 messidor an 12
f C. A. du 22 octobre 1806

DATES des circulaires.	NUMÉROS DES INSTRUCTIONS.	ARTICLES DU JOURNAL.
30 floréal		
6 prairial		
8		2605
17		
24		
26	a	
29		
6 messidor	b	
13		
14	291 c	
17		
20		
23		2190
29		
2 thermidor		
11		
20	d e f	
23	g	
2 fructidor		
4		
5		
7		2177
11		
13		2506
14	h 1010	
19		
1 complém.re		
2		
3		

a C. A. du 2 thermidor an 12
b C. A. du 20 messidor an 12
c C. A. du 27 messidor an 13
d C. A. du 2 fructidor an 12
e C. A. du 15 décembre 1809
f C. A. du 6 mars 1823
g C. A. du 12 mars 1806
h C. C. n. 36.

DATES des circulaires.	NUMÉROS DES INSTRUCTIONS.	ARTICLES DU JOURNAL.
— AN 13 —		
22 vendém.		
28		
1 brumaire	326 § 4	2579
11		2918
19		2123
29		
2 frimaire		
6	334	3408 7484
21		
30		
6 nivôse	a	
8		
14		2588 7548
1 pluviôse	b	
15 ventôse		7520
17		
25		
29	1280 § 1	5056
7 germieal		
8		
12	c	2323
16		
19		
23		
25		3407
27	d	

a C. A. du 6 décembre 1806 | c C. A. du 3 brumaire an 14
b C. A. du 19 germinal an 13 | d C. A. du 6 novembre 1806

DATES des circulaires.	NUMÉROS DES INSTRUCTIONS.	ARTICLES DU JOURNAL.
19 prairial	a.	
21		
5 messidor		
14		
19		3174
21	b	2504
25 fructidor		7520
— AN 14 —		
4 vendémiaire		
5	334	3408 8400 8285
6		
8		2544
9		
10	471	3003
17		
20	326 § 3	3238 3266 7701
22		3074
24	c	3269
29		2544
3 brumaire		2323 2770 3263 3832
7	d e	2199 2272 3240 3428 6640
23	f	
24	304 316 § 4 n. 2 557 4265 § 7	4396
4 frimaire		
9	g h 326 § 4 i	2579

a C. A. du 25 fructidor an 13
b C. A. du 7 mars 1807
c C. A. du 8 décembre 1809
d C. A. du 29 frimaire an 14
e C. A. du 11 juillet 1806

f C. A. du 12 septembre 1808
g C. A. du 22 septembre 1806
h C. A. du 8 décembre 1806
i C. A. du 13 janvier 1806

DATES des circulaires.	NUMÉROS DES INSTRUCTIONS.	ARTICLES DU JOURNAL.
23 frimaire		2273
26		
28		
29		2199 6640
4 nivôse	a 1156 § 2 b	2315 2523 3430
		3725 5067 6884
		8055
— 1806 —		
2 janvier	c	
3		
7	326 § 3 d	2561
13	e	5300
16	326 § 4	
28		
30		
19 février		3116
20	f	2511 2623
22		
11 mars	1156 § 2	2541
12		
13		
17	365 440	3000 3490 4999
22		
1 avril	g	2582 3334
7		
16	h	
19	326 § 3	2561
30	i	3379

a C. A. du 11 mars 1806   f C. A. du 16 mai 1806
b C. A. du 28 janvier 1807   g C. A. du 11 septembre 1807
c C. A. du 6 novembre 1806   h C. A. du 22 septembre 1806
d C. A. du 19 avril 1806   i C. A. du 8 août 1806
e C. A. dn 8 décembre 1806

DATES des circulaires.	NUMÉROS DES INSTRUCTIONS.	ARTICLES DU JOURNAL.
10 mai		2724
16		
19	*a*	
28	1246	2534
30	*b*	
7 juin		6593
14	*c*	
19	*d*	
28		
1 juillet		3379
4		3379
11		2272 3210
8 août	*e*	
13	*f*	
14		
18		
28	*b g*	2422 2578 3011
1 septembre		
5		
6	*h*	
9		
10		
12	*i*	
13	*j k l*	
19		3116
22		2511
24		

a C. A. du 23 décembre 1806 | *g* C. A. du 28 novembre 1814
b C. A. du 12 décembre 1806 | *h* C. A. du 10 octobre 1807
c C. A. du 29 janvier 1808 | *i* C. A. du 8 novembre 1806
d C. A. du 4 juillet 1806 | *j* C. A. du 30 mars 1808
e C. A. du 14 août 1806 | *k* C. A. du 6 octobre 1806
f C. A. du 16 mai 1807 | *l* C. A. du 7 mars 1807 *bis.*

DATES des circulaires.	NUMÉROS DES INSTRUCTIONS.	ARTICLES DU JOURNAL.
26 septembre		
27		
6 octobre		
15		
18		3336
20		3835
22		
6 novembre		
8	*a*	2506
11	*b* 398	
18	*c*	
24		
25	*d*	2746 3242
29		
6 décembre		3272
8		
11		
12		
15		7624
17		2511
20	*e*	
23		2511
26	395	
29		2746
— 1807 —		
2 janvier		2547
9	*f*	3185
16		
21		
24	496	2506 3070

a C. A. du 27 octobre 1807   *d* C. A. du 18 septembre 1809
b C. A. du 15 octobre 1807   *e* C. A. du 12 septembre 1808
c C. A. du 31 octobre 1807   *f* C. A. du 8 septembre 1807

DATES des circulaires.	NUMÉROS DES INSTRUCTIONS.	ARTICLES DU JOURNAL.
26 janvier		2541
27	*a*	2511
28	1156 § 2	3430 3725 4653
		6884 8055
31	*b c d*	
7 février	*e*	2622 3016
9	*f g h*	2506 2731 2815
10		2525 2967
13		2511 3242
14	341 § 3	3299
16	341 § 4 *i*	
20	*j*	
22		5335
24		3227 8243
26		
27		
7 mars		
10	345	
17		
21	*k l a*	
27		2534
31	*m*	2612 2823 3019
		3154 3400 3576
		3585 3924
2 avril		3096
9		
22		

a C. A. du 15 avril 1808 *h* C. A. du 4 juin 1812
b C. A. du 7 novembre 1807 *i* C. A. du 23 septembre 1809
c C. A. du 12 septembre 1808 *j* C. A. du 23 novembre 1807
d C. A. du 9 décembre 1809 *k* C. A. du 20 mai 1808
e C. A. du 5 octobre 1808 *l* C. A. du 25 juin 1808
f C. A. du 3 novembre 1807 *m* C. A. du 4 juillet 1807
g C. A. du 1 mars 1816

DATES des circulaires.	NUMÉROS DES INSTRUCTIONS.	ARTICLES DU JOURNAL.		
30 avril	391	3002		
2 mai		2808		
9		2663		
16				
4 juin	446			
6				
11				
4 juillet		2648	2668	2775
		3154	3400	3576
		3585	3924	7458
15				
16		3270		
24				
11 août				
5 septembre	356	3115	3270	3390
7	462 1251 § 5	5606		
9	405	4133	6152	7102
22		3116		
23		4841		
5 octobre				
10				
15	398			
27	a			
31		7636		
3 novembre	b c d			
7				
13				
14		2739		
17				

a C. A. du 5 septembre 1808   c C. A. du 9 août 1808
b C. A. du 5 juillet 1808   d C. A. du 25 février 1811

DATES des circulaires.	NUMÉROS DES INSTRUCTIONS.	ARTICLES DU JOURNAL.
23 novembre		
25		7624
26	*a*	
21 décembre		3748
26	*b c d*	
— 1808 —		
5 janvier		
27		
29	*e*	
9 février		
13		
27		5509
11 mars		
19		
21	*f*	
22	518 1181 1284 1466	
23		
24		
28	*g* 994 § 2	6032 6655 6800 7048 7636
30		
15 avril	*h*	
30	1131	
5 juillet	*i j*	3122 3357
6	592	

a C. A. du 6 juillet 1808   *f* C. A. du 29 juillet 1808
b C. A. du 25 novembre 1808   *g* C. A. du 16 septembre 1808
c C. A. du 22 mars 1808   *h* C. A. du 20 mai 1808
d C. A. du 30 juin 1810   *i* C. A. du 9 août 1808
e C. A. du 9 février 1808   *j* C. A. du 25 février 1811

DATES des circulaires.	NUMÉROS DES INSTRUCTIONS.	ARTICLES DU JOURNAL.
30 juillet	a b	
9 août	c	
13		
31	b	
5 septembre	d e	
6	1280 § 1	5056
8		3191
12	f g	
16		
17		7175
22		3211
26	447 746	7154
27	h i	3156
5 octobre		
10	j	
26		
4 novembre		4463
5	412	
7		
25	k l m n o	3242 3378
26	443	
6 décembre	p	
17		

a C. A. du 31 août 1808
b C. A. du 22 septembre 1808
c C. A. du 25 février 1811
d C. A. du 1 décembre 1809
e C. A. du 19 septembre 1814
f C. A. du 4 août 1809
g C. A. du 8 septembre 1810
h C. A. du 28 juillet 1809
i C. A. du 21 janvier 1812
j C. A. du 5 novembre 1808
k C. A. du 11 janvier 1809
l C. A. du 23 janvier 1809
m C. A. du 18 septembre 1809
n C. A. du 29 novembre 1809
o C. A. du 8 décembre 1809
p C. A. du 19 janvier 1830

DATES des circulaires.	NUMÉROS DES INSTRUCTIONS.	ARTICLES DU JOURNAL.
— 1809 —		
2 janvier		
11		7829
23		7828
6 février	a	
4 mars	b	
15		
22		
14 avril		
17	c 485 d	4212
6 mai	e	
25		
7 juin	1433 f	3298 10665
16		
22	g h	
3 juillet	i j	
25	i k	
28		
1 août	1311	5700
4	l	4264
2 septembre		
18	m n o p	3378
23	494	7276
24		3385 3453 4349

a C. A. du 22 mars 1809
b C. A. du 15 décembre 1809
c C. A. du 25 mai 1809
d C. A. du 20 novembre 1811
e C. A. du 2 décembre 1809
f C. A. du 17 septembre 1812
g C. A. du 14 août 1810
h C. A. du 29 septembre 1810

i C. A. du 25 juillet 1809
j C. A. du 6 décembre 1810
k C. A. du 9 septembre 1811
l C. A. du 8 septembre 1810
m C. A. du 29 novembre 1809
n C. A. du 8 décembre 1809
o C. A. du 17 octobre 1810
p C. A. du 14 février 1810

DATES des circulaires.	NUMÉROS DES INSTRUCTIONS.	ARTICLES DU JOURNAL.
28 septembre	*a b c d e*	
23 octobre		
7 novembre		
24		3446
29		3439
1 décembre		
2		7624
8		
9	*b c d e*	
15	*f*	
— 1810 —		
11 janvier		3892
8 février		
14		
28	*c e*	
30 mars		5091
30 juin	*g*	
2 juillet	*e*	
11		
27		
8 août	612 *h i*	
14		
16	*j*	
4 septembre		3683
5	*k*	

a C. A. du 9 décembre 1809
b C. A. du 28 février 1810
c C. A. du 2 juillet 1810
d C. A. du 21 janvier 1812
e C. A. du 26 juin 1811
f C. A. du 6 mars 1823

g C. A. du 30 janvier 1813
h C. A. du 28 septembre 1812
i C. A. du 9 avril 1813
j C. A. du 5 décembre 1810
k C. A. du 18 octobre 1811

DATES des circulaires.	NUMÉROS DES INSTRUCTIONS.	ARTICLES DU JOURNAL.
8 septembre		
13	*a*	
19		3683
5 décembre		3765
6	*b*	
7		4719
— 1811 —		
25 février	592 *c*	
25 mars		
15 avril	*c*	4182
26 juin	*d*	
8 juillet		
20		
7 août		4548 6772
9		
19	*e*	
16 novembre	*f*	
20	564	
— 1812 —		
31 mars		4610 5220 9091
4 juin	975	

a C. C. n. 14
b C. A. du 9 septembre 1811
c C. A. du 22 août 1812
d C. A. du 20 mars 1812
e C. A. du 28 septembre 1811
f C. A. du 17 mai 1813

DATES des circulaires.	NUMÉROS DES INSTRUCTIONS.	ARTICLES DU JOURNAL.
17 septembre		40665
26	a	
28	b c 612 789 854 975	
30	975 1011 § 2	4753
— 1813 —		
10 avril	d e	
20	f e	
24		
25	g 709 e	
14 juin	h i j k	
4 août	k j	
26		
31	c	
7 septembre		
23		7521
29	j	
19 novembre		
27	j	
30		

a C. A. du 29 juillet 1814
b C. A. du 26 août 1813
c C. A. du 26 août 1814
d C. A. du 6 juillet 1813
e C. A. du 12 juillet 1813
f C. A. du 18 mai 1813

g C. A. du 23 septembre 1813
h C. A. du 4 août 1813
i C. A. du 29 septembre 1813
j C. A. du 20 juin 1814
k C. A. du 27 octobre 1814

DATES des circulaires.	NUMÉROS DES INSTRUCTIONS.	ARTICLES DU JOURNAL.
— 1814 —		
12 janvier		
21		
14 mars	692	
22		
27 avril	*a*	
10 mai	*b*	
20 juin	*c d*	
21		
30		
29 juillet	770	8064
2 août	*d*	
4		
26	*e*	
28		
19 septembre	*f g*	
27 octobre		
14 novembre	*e*	
28		
3 décembre		
16	*h* 751	
— 1815 —		
15 juillet		
17 août		6267
26 septembre		
19 octobre	*g*	

a C. A. du 10 mai 1814   *e* C. A. du 2 novembre 1815
b C. A. du 28 mai 1814   *f* C. A. du 16 décembre 1814
c C. A. du 2 août 1814   *g* C. A. du 18 décembre 1815
d C. A. du 27 octobre 1814   *h* C. A. du 19 octobre 1815

DATES des circulaires.	NUMÉROS DES INSTRUCTIONS.	ARTICLES DU JOURNAL.
26 décembre		5664
— 1816 —		
9 février	a 744	
1 avril	b c	
19 juin	d	
— 1817 —		
17 novembre		9804
— 1818 —		
28 février	975	
— 1819 —		
8 octobre		
— 1820 —		
28 novembre	965	
12 décembre		
— 1821 —		
29 janvier		8125
30	1037	
3 février		
23 mai	1002	
24		
14 novembre	1117 1284	
— 1822 —		
21 février		
27		
11 mai	e	
17 juillet	f g	7736

a C. A. du 4 juin 1816   e C. A. du 8 octobre 1828
b C. A. du 6 avril 1816   f C. A. du 18 mai 1827
c C. A. du 1 juin 1816   g C. A. du 15 décembre 1834
d C. A. du 8 octobre 1819

DATES des circulaires.	NUMÉROS DES INSTRUCTIONS.	ARTICLES DU JOURNAL.
14 août	1137	
28		
— 1823 —		
27 janvier	1284	
6 mars		
29 avril		8125
— 1824 —		
31 décembre		
— 1825 —		
27 juin	*a*	
— 1826 —		
— 1827 —		
16 mai	*b*	
— 1828 —		
10 avril	*o*	
8 octobre		
15 novembre	1284	
17		
— 1829 —		

a C. A. du 29 septembre 1825   *c* C. C. n. 13.
b C. A. du 15 décembre 1834

DATES des circulaires.	NUMÉROS DES INSTRUCTIONS.	ARTICLES DU JOURNAL.
— 1830 —		
8 juin	9063	
5 octobre		
13		
17 novembre		
— 1831 —		
21 février		
22		
— 1832 —		
27 avril		
9 juin		
11 juillet		
2 novembre		
— 1833 —		
12 février		
26 juillet		
22 août		
31		
9 octobre		
— 1834 —		
14 juin		
28 octobre		
15 décembre		
— 1835 —		
27 novembre		

DATES des circulaires.	NUMÉROS DES INSTRUCTIONS.	ARTICLES DU JOURNAL.

CIRCULAIRES
de la Comptabilité générale.

Nota. **La 1.**re et la 2.me colonne donnent les numéros et dates des circulaires de la Comptabilité, dans leur ordre numérique et chronologique, la 3.me, la 4.me et la 5.me font connaître les circulaires de la Comptabilité, les instructions de l'Administration et articles du Journal qui s'y réfèrent.

CIRCULAIRES de la Comptabilité.		NUMÉROS des circulaires de la Comptabilité.	NUMÉROS des instructions générales.	ARTICLES du JOURNAL.
N.	DATES.			
1	15 décembre 1824			
2	5 juillet 1825	18		
"	30 dudit			
3	15 novembre 1825	8 11 27		8844
4	5 décembre 1825			
5	27 dudit	a 8 34		
6	4 août 1826			
"	1 septembre 1826			
7	15 novembre 1826	12		
8	23 dudit	11 13 14 15 17 22		
9	5 décembre 1826			
10	16 dudit	11 14 17 24	1302	8682 9827 10192
11	30 octobre 1827	12 13 16 22 27 32	1240	8844
12	15 décembre 1827	13 16 19 21 27	1240 1299	
13	27 octobre 1828	15 27 36		
14	8 décembre 1828	15 16 24		9561 11263
15	9 novembre 1829	17 22		
16	14 décembre 1829	27	1219 § 10 1318 § 8	
17	18 novembre 1830	27		
18	28 décembre 1830	22		
19	29 avril 1831			
20	24 mai 1831	22 27		
21	23 août 1831	22		
22	15 novembre 1831	27		

a C. A. du 17 août 1826.

CIRCULAIRES de la Comptabilité.		NUMÉROS des circulaires de la Comptabilité.	NUMÉROS des instructions générales.	ARTICLES du JOURNAL.
N.	DATES.			
23	15 décembre 1831		1386	
24	20 décembre 1831	27 37		
25	30 avril 1832	27		
26	18 juin 1832			
27	20 novembre 1832	32 35	1474	
28	17 décembre 1832	34		
29	30 mai 1833	34		
30	31 dudit	32		
31	18 juillet 1833		1480	
32	24 août 1833	35 37		
33	30 novembre 1833	35 36	1491	
34	13 décembre 1833	36		
35	25 août 1834	36 37		
36	3 décembre 1834	37		
37	18 août 1835			
38	12 décembre 1835			

CIRCULAIRES de la Comptabilité.		NUMÉROS des circulaires de la Comptabilité.	NUMÉROS des instructions générales.	ARTICLES du JOURNAL.
N.	DATES.			

TABLE.

www.ingramcontent.com/pod-product-compliance
Lightning Source LLC
Chambersburg PA
CBHW060128200326
41518CB00008B/970